OHSAMA BUNKO

「朝2分」ダイエット

大庭史榔

三笠書房

はじめに

たった「朝2分」であなたに起こる奇跡

1 女性なら、1カ月に4キロ、男性なら8キロは簡単に落ちます
2 ちゃんと食べながら下腹、太もも、お尻スッキリ。バストはアップ
3 リバウンドしない体になる
4 免疫力アップ、代謝アップ、便秘解消、肌がツルツルになる
5 頭がよくなる、心が軽くなる

正しく行えば、人体の法則で骨盤がしまるため、確実にやせてキレイになります！

この本は、誰にでもできる簡単な方法で「骨盤」を矯正《きょうせい》し、体質を改善し、真に健康的にやせてキレイになるための本です。

運動する時間がとれない人、食事で調整できない人、今までやせにくかった人でも確実にやせることが実証されています。

リバウンドを繰り返しているＯＬさん、
下半身だけやせたい方、
食事がロケ弁当ばかりの女優さん、
産後太って10年も元に戻らない主婦の方、
足が悪くて運動できない方、
メタボリックシンドロームの男性、
といった方々の体が、みるみる変わっていくのを私は目の当たりにしてきました。
〝食いしんぼう〟で〝ちょっとなまけもの〟の人にも、自信を持っておすすめします。
週ごと、月ごとに実感できる体の変化を楽しんでください。

大庭史榔

いいもの見つけた！

Part 1

なりたい体に必ずなれる たった「朝2分」で驚きの効果！

もぐ
もぐ

Part 2

絶対に！〝ゆがんだ体〟ではやせません
やせる秘密は骨盤にあった！

Part 3

一生太らない健康で美しい体があなたのものに

実践！　骨盤が目覚めた！

Part 4

もうムリも我慢もしなくていい

食べながら美しくやせる！

Part 5

「ストレス&疲れ」をふっとばすコツ

悪いモノを出したとたん、いい循環が始まった!

イラスト　小迎　裕美子
　　　　　五十嵐　晃

編集協力　キーツプロダクション
　　　　　櫻井　裕子

Part 1

なりたい体に必ずなれる

たった「朝2分」で驚きの効果!

どんな効果があるの?

最初の1週間で必ず効果は出ます

「1週間目で、太ももとお尻まわりがぐんと引き締まった！」

「他に何もしていないのに、2週間で3キロ減！」

「好きに飲んで食べてもスタイルキープ、なんだか毎日が楽しくてしょうがないです」


私が指導する、深呼吸を活用した「朝2分」ダイエットを実践された方々から、思いのほか大きな反響がありました。

「頭が冴えて、仕事の能率があがった」といううれしい報告まで相次いでいます。

こんなふうに皆さんから喜ばれている理由は、「確実なダイエット効果」はもちろん、「とても簡単」、「お金がまったくかからない」といった最も基本的なニーズを満たしているからではないでしょうか。

さらに魅力を付け加えるなら、やると「とっても気持ちがいい！」ということ。

皆さん最初は「深呼吸でやせるなんて……」と疑われるのですが、実践した人は3日もすると「あれ、なんかいいことあった？」と聞かれるぐらいに顔の輝きが増し、1週間ほどで腰回りの贅肉《ぜいにく》がどっさり落ち、2週間もすると別人のようにスッキリされるのです。

個人差はありますが、女性なら2週間で2～3キロ。男性や肥満体型の方であれば、8キロは落ちます。

だいたい1週間に1キロのペースで減りますが、筋肉は落とさず脂肪だけが落ちるので、サイズはかなりダウンします。1カ月続ければ、4キロにもなります。

朝2分の深呼吸をするだけ、あとは今までとほとんど変わらない生活を続けていても、確実にやせるのです。

食いしんぼうな私も、みずからこの深呼吸ダイエットで不思議なほど簡単に、2週間で7キロも落とすことができました。

毎朝2分の深呼吸をするだけで、体は内側からよくなります。

骨格が矯正され、ヒップやバストの形がよくなり、ボディラインが見違えるほど美しくなります。骨格がよくなれば内臓や脳や神経系が正しい位置に納まるため、血流がぐんとよくなり、免疫力アップ、代謝アップ、太りにくい体質に変わります。

頭も内側からよくなります。

まず、脳がすっきりし、思考力が冴えわたります。

すると、暴走していた食欲は正常に戻り、気持ちが明るくなり、滅多なことでは落ち込まなくなります。

深呼吸すると気持ちがいい、それはあなたもご存知でしょう。

大自然の中で新鮮な空気をたっぷり吸うと、心も体もスッと軽くなり、リフレッシュしますよね。同様に、運動したり笑ったり、大声で歌ったりしたときも、深く呼吸するので気分が爽快になり、健康になるものです。そういえば、ヨガや気功も呼吸法をとても大事にしています。

そう、健康的にキレイにやせるためのカギは「深い呼吸」にあるのです。

ところでなぜ、深呼吸するだけで、こんなにいいことばかり起こるのでしょう？

ヒントは、**「骨盤」**にあります。

呼吸と骨盤？　いったい、どう関係があるの？

“胸とお尻”の知られざる秘密

「骨盤がしまりやすくなるとやせる」という話を耳にしたことがある人は多いでしょう。これは偽《いつわ》らざる真実、「人体の法則」です。どんな人でも、骨盤がしまると全身がギュッと引き締まり、頭が冴えて食欲が正常に戻ります。

逆に**骨盤がひらきすぎていると、どんなに運動や食事制限をしてもやせません。**

ダイエットで苦労している人は、骨盤に問題があることがほとんどです。

では、骨盤をしめるには……？

そうです、「深呼吸」が効くのです。

一見、遠く離れてなんの関係もないように見える胸とお尻ですが、その間には、「胸《きょう》郭《かく》をひらくと、骨盤がしまる」という「人体の法則」があったのです。

最近は女性たちの間で、床に寝ころび足を上げ下げして骨盤をしめるダイエットが大いに注目されていますが、「うまくできない」という声をよく耳にします。

でも、この「朝2分」ダイエットなら、もう悩む必要はありません。

毎朝、簡単にしかも気持ちよく骨盤をしめることができるのです。

そしてあなたが本来持っている美しさが引き出され、心身ともに医者いらずの、輝く健康が手に入るのです。

さあ、深呼吸でやせるシンプルなしくみがだんだん見えてきましたね?

「朝2分」ダイエットは、まさに一生ものの知識です。

今まで何をやってもやせなかった人、もう一度だけ試してみてください。

気持ちよく、ぐ〜っと伸びをしながら、あなたの体に驚きの変化を起こしましょう!

シンプルなものが
一番なのね！

ベッドの中で、寝たままやせられる

本書でご紹介する「朝2分」ダイエットは、朝いちばんに寝たまま行う方法です。

ここで、皆さんの朝の様子についてちょっと質問です。

朝目覚めたとき、最初にどんな動作をしますか?

起き上がる前にぐ～っと「伸び」をするという人も多いのではないでしょうか。

ペットを飼っている方はわかると思いますが、イヌやネコも目覚めるとすぐ、寝起きの「伸び」をします。手足を大きく広げ、ぐ～っと体を伸ばす姿は、見るからに気持ちがよさそうですね。

気持ちいいだけでなく、伸びには、いいことがたくさんあります。

伸びをすると体の筋肉が緊張し、その刺激が伝わって脳が目覚めます。

伸びをすると、それだけで骨盤がキュッとしまります。

骨盤がしまると、なんと頭蓋骨もキュッとしまり、頭がぐんと冴えてきます。

伸びをするだけで、体は就寝モードから活動モードへ。一瞬の動作で、昼夜のスイッチが切り替わります。

そう、**伸びは「骨盤」にも「頭」にも効く、すぐれた動作**なのです。

そしてこのダイエットは、こんな気持ちのいい〝**伸び**〟と〝**呼吸法**〟を組み合わせて、骨盤をしまりやすくし、体を目覚めさせ、太らない健康な体を作ろうというもの。

普通の深呼吸に手足の簡単な動作を加えるだけなのですが、確実にやせる効果があります。

Ｐａｒｔ３の１０２ページから、具体的な方法を説明しますが、

基本動作はたったの２パターン。

しかも、所要時間はほんの２分。

私の整体院を訪れた患者さんに「朝２分」ダイエットのやり方をお伝えすると、

「えっ!?　それだけでホントにやせるんですか？」

という言葉がよく返ってきます。はじめはどの患者さんも半信半疑。ちょっと物足りなそうな顔をされる方もいます。それでも、私が自信たっぷりに、

「はい、それだけでいいんです。もちろん**ホントにやせます**」と断言するため、「それじゃ、とりあえずやってみようか」という気持ちになっていただけるのでしょう。

「必ずやせる」と断言できるわけ

私が「ホントにやせる」と断言できる理由は、

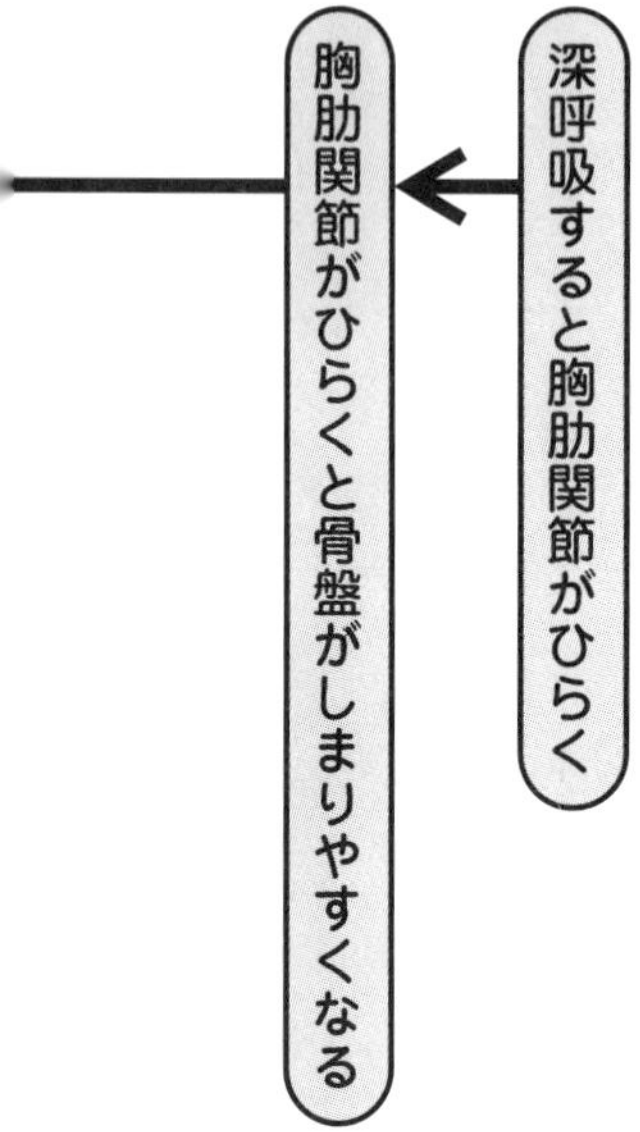
深呼吸すると胸肋関節がひらく
胸肋関節がひらくと骨盤がしまりやすくなる

骨盤がしまりやすくなれば、やせる

という体のシンプルな法則をベースにしているからです。

この法則により、肥満傾向のAさんの体も、おなかの贅肉が気になっているBさんの体も、一様に引き締まってきます。

深呼吸を日々繰り返すことで胸郭はますますひらきやすくなり、骨盤はますますしまりやすくなり、どんどんやせやすい体になっていくのです。

太るのは、食べ物のせいではなかった！

骨盤がしまるようになると骨格全体が引き締まっていきますが、それは骨盤がすべての関節に影響をおよぼすからです。

しまった体は、余計な贅肉や水分を溜め込まないようになります。

体がしまれば頭もすっきり。脳が正常に働くようになります。

そう、**食欲を脳できちんとコントロールできるようになる**ので、太るほどだらだらと食べることがなくなります。

骨盤をしめることは、食欲を正常にし、きちんと満足感を感じて〝食べすぎない脳〟を作るうえでも重要なのです。

「私は水を飲んでも太る」

「親も太っているから……」

と、遺伝や食べ物のせいで太ると思っている人がよくいますが、太る一番の原因は「骨格のくずれ」にあります。

食欲が正常に働いているなら、自然と体にいい食材が食べたくなるものですし、たとえ高カロリーなものを食べたとしても、少量で満たされ、それ以上は食べなくなるので、決して太りません。

糖分や油分が悪いわけではないのです。どちらも体にとっては大切な栄養素。必要以上にとってしまう、食欲の異常が問題なのです。

骨格の
くずれ!?

どんなにローカロリーの体にいい食材でも、食べすぎれば太ります。

物事、すべては、バ・ラ・ン・ス。

「朝2分」ダイエットは、骨格を正しい位置に調整しながら**〝太りにくい体〟**、**〝食べすぎない脳〟**を作る、とっておきの方法です。

しかも運動量はわずかなのに、思いきり深く呼吸することで細胞のすみずみまで酸素が行き渡り、血液のめぐりがよくなって代謝もアップ。筋肉の量を減らすことなく、脂肪が燃えやすい体を作ることができます。

「気持ちいい！」に体は即反応するのです。

皆さんもこれから「朝2分」ダイエットを続けていくうちに、体のシンプルな法則を体感することができるでしょう。

もちろん**年齢制限なし、運動が苦手でも問題なし**。

「がんばるのはちょっと苦手」という人でも大丈夫。

これまでリバウンドを繰り返し、ダイエットに自信をなくしている方にもぜひおすすめしたい方法です。

大庭式「朝2分」ダイエット、誕生までの秘話

実は私は、かつてとても太っていたことがあります。いわゆるデブ。中学時代、なんとフライドチキンを一度に21ピース食べた前歴のある私です。十数年前、いちばん太っているときは身長165センチで86キロもあり、仕事中に着る白衣もパンパンではちきれそうな状態でした。

整体師がこれではマズい……！

これまでの経験から、やはり**骨盤がひらいた状態のときほど食欲が高まる**ことは、わかっていました。

大好きなドーナツに2つも3つも手が伸びそうになったら要注意。つまり、食欲も骨盤の状態を知る大切なバロメーターなのです。

やたらと食欲がわいてくる、ドカ食いしてしまう、食べたい欲求が上回って頭が働

かない……。そんなときは、

「今、骨盤はひらきぎみになっている」

そう思ってください。しかも、**骨盤は食事をするとゆるんでひらきます**。一度ひらいた状態になると、食べる前より食欲が出てまた食べてしまい、さらにひらく、という悪循環が繰り返されるのです。

猛烈な食欲を退治するいちばんの方法

こうした悪循環を断ち切るには、ゆるんだ骨盤をしめる操作をするのがいちばんです。骨盤のしまり具合は面白いほど食欲に反映されます。骨盤をしめると我慢することなく異常な食欲は抑えられ、頭も冴えて調子がよくなるのです。

さて、「朝2分」ダイエットはゆるんだ体を手軽にしめられる方法ですが、ここにたどりつくまでには、あれこれ試行錯誤しました。

私は肥満もダイエットも体験ずみなので、太っているときの動きづらさ、やせたい気持ちは痛いほどよくわかります。**骨盤がひらいて体がゆるむということは、寝ているときの骨盤の状態に近い**わけですから、全体に行動力が鈍り、体力が落ち、ちょっとしたことで疲れてしまうのです。

その一方で、やせたときの身軽さ、快適さも知っています。その快適さを、肥満で悩む人たちにぜひ知っていただきたいと願いました。

そこで以前は、オーソドックスな骨盤しめ体操を指導していました。あおむけに寝て床から足を持ち上げ、呼吸とタイミングを合わせて足をストンと落とすのですが、

「やってみたらむずかしい」

「効果がわからない」

という声が意外と多く、実際にうまくやせられないケースもみられました。どうやら、息をはきながら足を落とすときのタイミングがつかみにくいようなのです。

「誰にでもできる方法」を探し求め、ついにたどりついたのは？

私は患者さんの前で、実際に足を落とす体操を何度もして見せましたが、それでも「家に帰ってやってみたらやっぱりむずかしい」

という感想が返ってきます。

こんなときは、発想をがらっと変えてみるしかありません。

そしてあるとき、**「骨盤を自動的にしめる方法」**があることに気づいたのです！

「骨盤より胸郭！」

そう、胸郭をひらけば、自動的に骨盤がしまります。ならば、最初から胸郭にアプローチすればいい。それには深呼吸するのがいちばん手軽でいい……。

発想を変えてみたら、骨盤をしめることは簡単だったのです。

こうして、私の整体院で産声《うぶごえ》を上げたのが「朝2分」ダイエットです。

実際、「朝2分」ダイエットの指導を始めてからは「むずかしい」の声はなくなり、

「簡単すぎるのに本当に効く！」の声が圧倒的に多くなっています。

正しい方法で気持ちよく深呼吸をすれば、誰でも簡単に骨盤をしめられるのです。

まさに、シンプル・イズ・ベスト。


「骨盤がしまりすぎて、やせすぎることはありませんか？」

その心配はもちろんありません。

やせる必要のない人は健康が増進され、スタイルがよくなり、骨盤のいちばんいい状態がキープできる、本当に安全ですばらしい方法なのです。

座ってやっても効果あり

寝たまま行う「朝2分」ダイエットは、体を自由に動かせない方でも無理なく気持ちよくできるすぐれた体操です。

たとえば「足腰が悪くて運動できないけれど、ダイエットしたい……」そんな方にもおすすめです。

足首を動かしづらい方、車椅子で生活されている方などは、本書で紹介する深呼吸法で、足の動きはつけず、手の動きだけつけて実践してください。

椅子に座ったままやっていただくこともできるので無理はせず、やりやすい方法で気持ちよく伸びをしてみましょう。

ウフフ
座っていても
できる
なんて
ステキ!!
?

体と心、こんなに変わる！　うれしい変化、続々！

「朝2分」ダイエットを実践中の方々から、「ホントにやせました！」と報告を受けることは、私にとって何よりの喜びです。

「また今週も1キロ減りました」

「おなかが2回りくらいすっきりした感じ」

そんな声を聞くたびに、もっと多くの人にこのダイエット法を伝えようと意欲がわいてきます。皆さんの体と心に起こった変化を、さっそくご紹介しましょう。

実証1　1カ月でラクラク8キロ減。目覚めが違う！

（T・Mさん／27歳／会社員）

Tさんのケースをご紹介しましょう。

趣味のフラメンコの練習でハイヒールを履きすぎ、足腰を痛めてしまったことがあるTさん。

ダイエット前は、身長158センチ、体重が65キロ近くありました。「朝2分」ダイエットに挑戦していただいた結果、1カ月で8キロというかなりの早さで、健康的に減量できました。

Q 深呼吸ダイエットを始めてすぐ気づいた変化は？

A まず、深呼吸して脱力したとき、「骨盤がしまる感じ」がすぐわかりました。深呼吸してから起きるとすっきり目覚めることができ、顔色もよくなりました。

Q 体重の変化は？　理想の体重は？

A 1カ月で8キロの減量に成功。当面は60キロをきることが目標です。マーメイドラインのスカートがカッコよくはけたらいいな、と思っています。

Q 継続がつらくなったことは?

A それはありませんでした。「朝2分」ダイエット自体は、朝起き掛けに3セットやるだけなので継続はむずかしくありません。負けず嫌いの私の性格を刺激する先生の言葉も励みになりました。

Q 精神面で変わったことは?

A 寝起きがよくなるので、とにかく気持ちが前向きになります。

Q リバウンドは?

A 今のところ特にないので、助かっています。

大庭先生のアドバイス

帽子が回るほど「小顔」になります

Tさんは、体型的にドカ食いをしてしまうタイプで、ちょっと油断すると体重が増えてしまいます。そこで、のちにご紹介する「大食グセ」をやめる方法と「朝2分」

くるくる
ゆるゆる
あらっぼうしが…

ダイエットの合わせワザで継続していただきました。体重は多めだったTさんですが、そんな方ほど効果ははっきりあらわれます。

体重が8キロ落ちた頃には、小顔になってすっかり変身。帽子が好きで、よくかぶるTさん、「帽子がゆるくなっちゃって……」と本人も驚いていました。

帽子がゆるくなるほど小顔になるのは、骨盤がしまるのと同時に頭蓋骨もしまるからです。頭蓋骨がしまれば、当然顔もキュッと引き締まってきます。

つまり「朝2分」ダイエットは、小顔になりたい人にもおすすめのダイエット法なのです。**太っている人ほど、顔やせ効果を実感できる**と思います。

また、Tさんが「朝すっきり目覚められる」という理由も、やはり頭蓋骨がしまるためで、その結果、頭が冴えて行動力も高まるのです。

「朝なかなか起きられない」「寝起きをよくしたい」「行動力を高めたい」「ストレスに弱い」という人にも「朝2分」ダイエットは適しています。

実証2　始めてすぐ、腰回りにびっくり！

（H・Kさん／35歳／音楽家）

ボディラインの中でも、特に女性が気にする箇所といえば「おなか」「お尻」「太もも」ではないでしょうか。

「朝2分」ダイエットは部分やせ目的のダイエットではありませんが、**骨盤中心に体がしまる**ため、結果的におなかやお尻、太ももなどが見違えるほどすっきりします。**下半身太りの解消にも効果的なダイエット法**なのです。

Hさんは身長163センチ、体重49キロと、ほとんど無駄のないスレンダーさだったのですが、それでも「朝2分」ダイエットを始めて間もなく、腰回りに変化がみられました。

Q　最初にあらわれた変化は？

A 最初に「あっ、腰回りがすっきりしはじめた」と感じたのは、「朝2分」ダイエットを始めて1週間たった頃です。ウエストを触ったときの感触がぜんぜん違ったんです。体重も、ちょうど1週間で1キロ落ちていました。1キロのわりには、ウエストのサイズがずいぶん細くなったのが印象に残っています。

即効性はあまり期待していなかったので効果の早さに正直驚き、うれしかったです。

Q 以前から腰回りの贅肉は気になっていた?

A 暴飲暴食すると、すぐ腰回りにお肉がついてしまう体質なんです。「ちょっと太った」「ちょっとやせた」ということが最もわかるバロメーターがおなか。とても気にしていた部分です。

Q 精神面で変わったことは?

A ウエストを自分で触ったとき、やせたことがあきらかにわかるし、体重計に乗れば成果が見えるので、気持ちも前向きになりますね。簡単ですし、これなら続けられると思っています。

ウエスト
みて
何ニヤニヤ
してんのよ？
フフフ
おねーちゃん

大庭先生のアドバイス

猫背も内股も同時に解消

Hさんはもともとスリムな印象の方ですが、腰回りの贅肉が気になるとのことで、「朝2分」ダイエットをおすすめしました。

期待以上に早く効果があらわれたのは、①朝やる、②正しい方法で3セットやる、という基本をきちんと守った結果ではないでしょうか。

もともとHさんは猫背や内股を直したいということで来院されたのですが、「朝2分」ダイエットはこうしたゆがみ体型の矯正にも効果があります。深呼吸をすると上半身の前後の筋肉がバランスよく鍛えられるため、猫背特有の体の前面の緊張が取れて姿勢がよくなるのです。また、**骨盤のゆがみを取ることで脚の形も整ってきます。**

実証3 毎週1キロ減。胸はキープでお尻と脚がサイズダウン

（N・Yさん／24歳／会社員）

「朝2分」ダイエットは寝起きにやるのが効果的ですが、朝やることの大切さがよくわかった、というのがNさんです。

その理由は、Nさんが実験的に1週間ごとに計測した体重の変化を見ればよくわかります。データとNさんの回答は次の通りです。

ダイエット開始後の体重の変化

	体重	実行時間
1週目	ほぼ変化なし	夜実行
2週目	0・5キロ減量	夜実行
3週目	1キロの減量に成功！	朝実行
4週目	変化なし	朝実行　飲み会が続いた
5週目	1キロ増量	さらに飲み会が続いて、やらなかった
6週目	1キロの減量に成功！	朝実行
7週目	1キロの減量に成功！	朝実行

Q 7週間の間の、体重の増減について聞かせてください。

A 実は、最初の1～2週目は、朝はほとんどやらず、会社から帰宅してから夜行っていました。それで、やっと2週目に入って0・5キログラムの減量に成功。2週目が終わったところで先生に経過報告。「朝のみでやっていきましょう」という先生のアドバイスを受け、実行に移しました。

するとすぐに効果があらわれ、3週目は1キロ減。「やっぱり朝は効くんだ」と、かなりびっくりしました。

5週目にまた体重が増えてしまったのは、4、5週目に外食する日が続き、仕事の関係で、いつもよりかなりたくさんのお酒を飲まざるを得ない状況になってしまったからです。その後、通常通りの生活に戻ると再びやせはじめ、6週目は1キロ減、そしてさらに1キロ……、これもまた驚きでした。

Q サイズの変化は？

A 特に太ももとお尻が小さくなりました。よくはくデニムがゆるゆるになったことが、いちばんの証《あかし》です。ダイエットをすると胸も小さくなる人がいますが、私の場合はその気配はありません。胸のボリュームはキープしつつ、お尻・太ももがサイズダウンするのが理想的ですね。現在、身長152センチ、体重50キロ。できれば45キロをきりたいです。

Q 精神面で変わったことは？

A もともと単純かつ楽天的な性格なので、今まで通り楽しく過ごせています。「朝2分」ダイエットは伸びをするので確かに「気持ちいい」と感じます。

Q 「朝2分」ダイエットを始めたきっかけは？

A 「深呼吸するだけでやせる」と先生に断言され、これなら続けられるかもしれないと思ったので。本当に深呼吸するだけ、食べる量の制限はなし、特別な運動も必要なし……。その簡単さにひかれました。

Q 継続のコツは？

A 効果がすぐあらわれるのが、いちばんの動機づけになります。それに伸びをすると「気持ちがいい」からまたやろうと思う。簡単なのでズボラな私でさえ苦になりません。それで、1週間にマイナス1キロは、大変魅力です。今は、体重計に乗るのが楽しいくらい。まだまだやめられません。

Q 他に併用しているダイエット法は？

A ありません。深呼吸のみで成果を実感したかったので。しばらくはこれ1本でいこうと思います。

Q 今の体調は？

A 大変いい状態で、特に気になるところはありませんね。

大庭先生のアドバイス

変化が見えて、楽しいから続く

Nさんは、２年ほど前からひどい腰痛《ようつう》で通院されるようになり、最近になって「朝２分」ダイエットをおすすめしました。というのも、Nさんは食欲旺盛でつい食べすぎてしまう傾向があるからです。

実際、ダイエットを始めてからも盛大に食べてしまった時期があったようで、減量のペースはゆっくりめですが、２週目に０・５キログラム減ったことは大きな励みになったのではないでしょうか。

たとえ小さな変化でも、目に見える形であらわれれば続けていこうという気になります。毎朝正しい方法で継続していけば、早い時期に小さな変化を発見できると思います。

「寝起きにやること」と私はいつも強調しますが、もちろん朝以外の時間帯にやったからといって体に害があるわけではありません。むしろ健康になります。

ただ、ダイエットのためには、骨盤が最もしまるタイミングの寝起きにやるのがいちばん効果的なので、朝をおすすめしているわけです。

骨盤の「動いてる!」が、触ってわかる

深呼吸で骨盤が動く様子は、手で触れてみるとよくわかります。

あおむけに寝て骨盤の左右の出っ張りに手を当て、深呼吸してみてください。胸に大きく息を入れて吸ったりはいたりすると、これに合わせて骨盤も動きます。呼吸によって胸郭を動かせば、その動きは必ず骨盤に伝わるのです。


女性の場合、骨盤が特にひらくのは妊娠・出産時です。

おなかの中で赤ちゃんが大きくなるほど骨盤はどんどんひらいていき、出産時には最もひらきます。妊娠期間中に骨盤の幅の変化を計測してみても、「骨盤のひらき」を実感することができるでしょう。

心の悩みは〝体から生まれる〟という驚きの心理

「朝２分」ダイエットを体験された方の多くは、体にも心にもよい変化が起こったという報告をしてくれます。やってみるとわかりますが、目覚めの気分がよくなれば、内面から活気が出てきますし、効果的な深呼吸法で息を思いきりはき出すと、不快な気分も一掃されます。

体のゆがみが取れると、心の流れもよくなります。

さらに私流の言い方をすれば、実際に〝うつむき姿勢〟は心を後ろ向きにし、〝正しい姿勢〟でいると、心も前向きになります。

姿勢が悪いと、悩みが増える。

驚かれるかもしれませんが、これは私が臨床経験の中で何度も見てきた事実なのです。

誰でもストレスが蓄積しているときや疲れているときは、重心が後ろに寄って、肩が落ちたような姿勢になります。後ろ重心になると、自然と頭はバランスをとるためにうつむきます。このうつむき姿勢になると、普段は気にならない些細《ささい》なことも気になりだし、「あれもこれもやらなくちゃ」「嫌だな、つらいなぁ」と、苦しくなりはじめます。

朝なかなか起きられない人や、行動力が落ちてヤル気がなくなっている人たちの体型を見ると、たいてい首に力がなく、目はトロンとして眠そうです。後ろ重心になってお尻は下がり、下腹が出ているのも特徴です。

デスクワークなどで座りっぱなしの人ほど、後ろ重心の姿勢になりやすいものです。**姿勢をあまり変えずに頭脳労働を続けると神経疲労がたまり、体も心も後ろ重心に偏っていきます**。後ろ重心になるほど、冴えない気分になり、頭がうまく働かなくなり、悪循環に陥《おちい》ります。後ろ重心の姿勢になっていると感じたら、早めのケアをしたいものです。

また、身近に後ろ重心になっている人がいたら、「ストレスがたまっているのだろうか？」と、心の状態に目を向け、気づかってあげたいものです。

極端に姿勢が悪いと、うつ病やパニック障害などに移行しやすいので要注意。

ただ、心の領域を自己診断するのはむずかしく、治療が必要なレベルなのか、そうでないのかは読み取りづらいものです。

そんな時はＰａｒｔ2で紹介する**「体のゆがみ」超簡単チェックテスト**を活用してください。たとえば、後ろに倒れそうになるほど後方にグラッと大きくゆれた場合は、心の健康も要注意ゾーンに足を踏み入れている可能性があります。

Part 2

絶対に!
〝ゆがんだ体〟ではやせません

やせる秘密は骨盤にあった!

あなたの体は、どうゆがんでいる?

あなたの骨盤、診断します！

自分の骨盤が今どんな状態なのか？　ゆるんで太りやすくなっているのかどうかは、肉眼ではわかりづらいものです。ここでは、あきらかに骨盤がひらいているときに見られるサインをいくつかご紹介します。該当する項目はいくつありますか？

「骨盤のひらき」チェックテスト

1　7センチ以上のハイヒールを、毎日のように履く
2　椅子に座るとき、つま先を立てて足首をのばしていることがよくある
3　あおむけに寝ると、足首がのびて指先が天井のほうを向いていない
4　足首が前よりも太くなった
5　足首をそらしたとき、やりづらさを感じる（特に小指側がそらしにくい）
6　目が覚めてもぱっと起きられない

7　朝起きてもなかなか調子が出ない
8　寝ても寝ても眠い
9　お尻がタレてきたのが気になる
10　恥骨《ちこつ》の上と尾骨《びこつ》の先端の位置を見ると、尾骨の先端のほうが下がっている

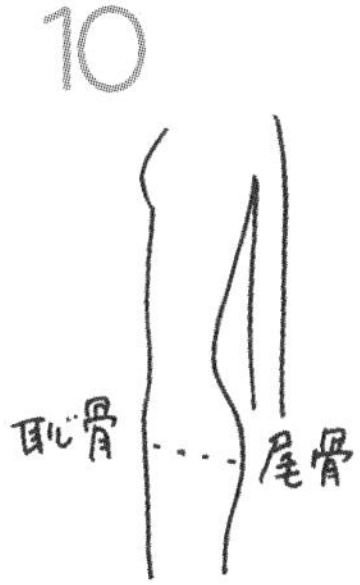

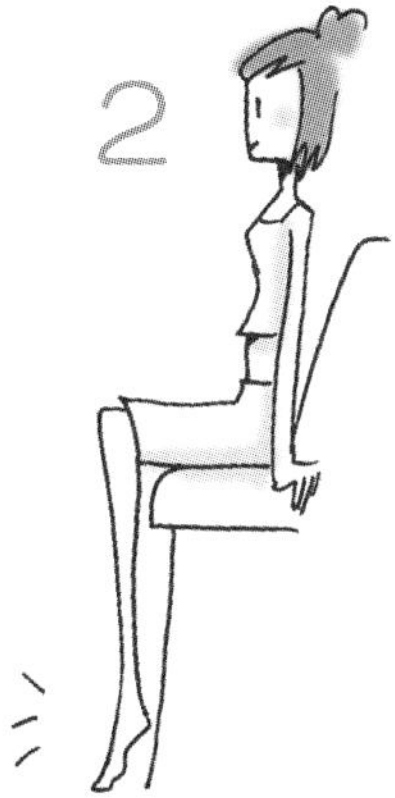

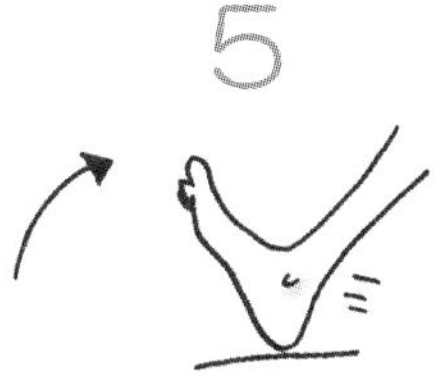

「食事」と「運動」でやせない人の9割は、骨盤に問題がある

いかがでしたか？　該当する項目が多いほど骨盤がひらいていると診断できます。**足元、お尻のライン、目覚めの気分、睡眠の質……**。これらは、あなたの今の骨盤の状態をあらわすバロメーターなのです。

1つでも該当項目があれば赤信号。今は太っていなくても、太りやすい体が着々と作られていきます。複数あった人は、ゆがみの影響が婦人科系に出ている恐れもあります。のちにご紹介する体操で、早急にゆがみを取っておいたほうがいいでしょう。

テスト1に○がついた人

「ヒール」の高さと「骨盤」には、実はとても深い関係があります。なぜなら、体型や骨盤の開閉は「足首の角度」に影響を受けるからです。

Ｐａｒｔ１で紹介した会社員のＴさんの例を見てみましょう。

Tさんは、初めてお会いしたときは、体重が70キロ近くありました。すぐに1カ月で8キロ減量し、かなりの成果が出ましたが、そんな彼女の生活とハイヒールは切っても切れない関係にありました。

Tさんが私の整体院を訪れたきっかけは、足と腰の痛みでした。原因はハイヒールの履きすぎ。彼女の場合、フラメンコを習っているため7センチ以上の高いヒールを履く機会がとても多く、気づかないうちに足腰を酷使していたようです。

仕事中はもちろん、アフターファイブは週に4回フラメンコの教室に通い、朝から晩までハイヒールを履き続けるという生活。腰や足のみならず、骨盤にも影響を与えていたと考えられます。

では、高すぎるヒールの何がそんなにいけないのでしょう?

まず、裸足《はだし》で立ったとき、足首の角度は90度に近い状態ですが、高いハイヒールを履くほど、とその角度は180度に近づいていきます。この角度がひらくにつれ、骨盤もひらいていくのです。

それだけではありません。ハイヒールを履いて歩くことは、いわば「背伸び」した状態で歩くのと同じです。そのため靴を脱いだ瞬間、かかとが地にストンと落ち、骨格全体が下がり、急に重心が変わるのでゆがみが生じてしまうのです。

毎日のようにハイヒールを履く・脱ぐを繰り返した結果、「足首が太くなる」、「お尻が落ちる」、「猫背になる」などの目に見える「体のゆがみ」となってあらわれます。

「足首が細くキレイに見えるから」とハイヒールを履くのはいいのですが、知らないうちに骨盤はひらき、体のラインもくずれ、姿勢も悪くなるというように、実は体にとってはあまりいいことがありません。

Tさんのように**「ダイエットしてもなかなかやせられない」人は、根本的な原因として骨盤がひらきすぎていたり、胸郭がしまりすぎていたりするケースがほとんどです。**

骨盤をひらく原因、つまり太る原因は思わぬところに隠れているものなのです。

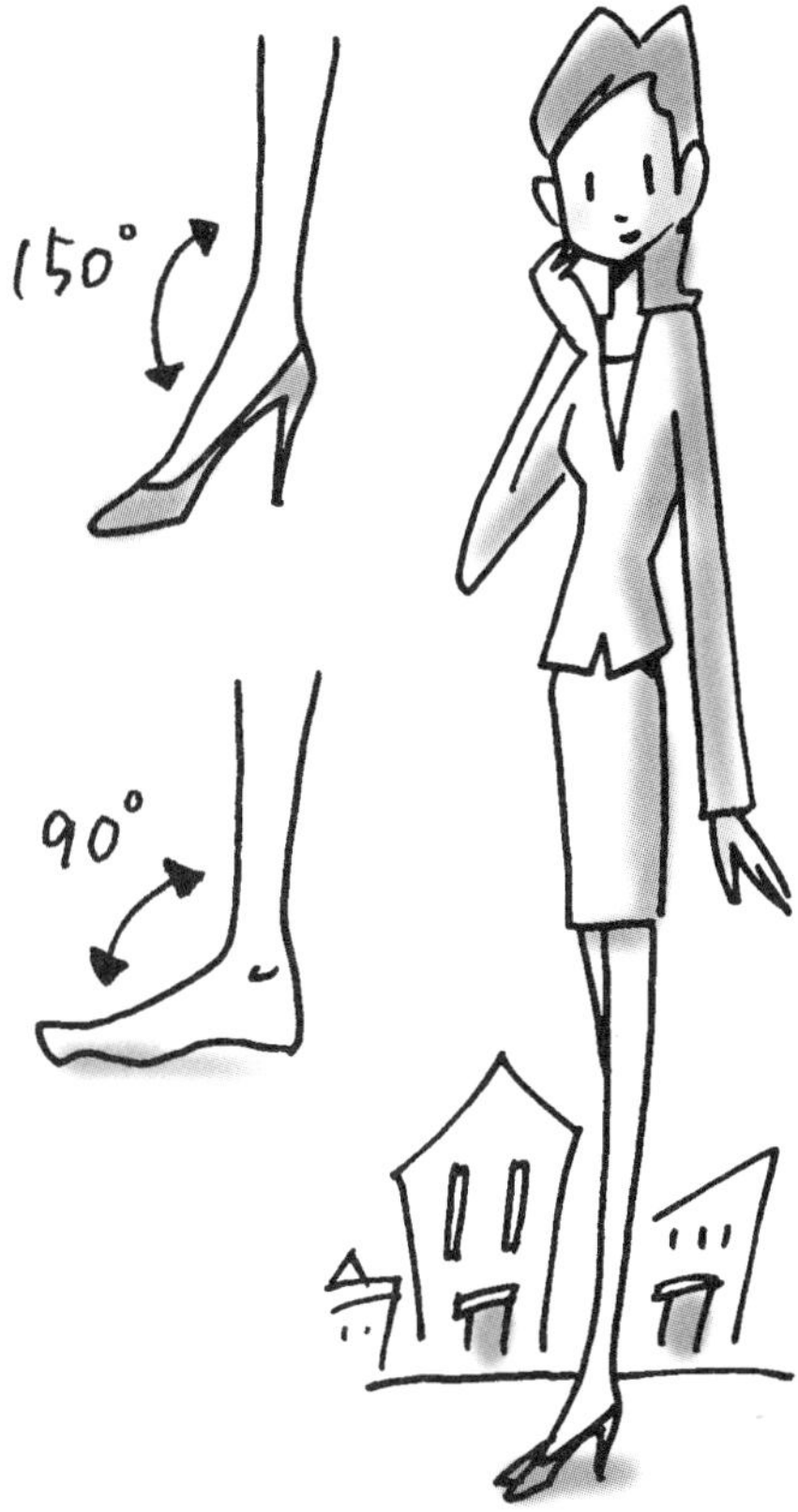
150°
90°

発見！太る足首

テスト2に◯がついた人

骨盤の状態は足首によくあらわれます。

椅子に座ったとき、無意識のうちにつま先立ちのような格好をする人がいます。ハイヒールを履いたときの足首の形を作ってしまっているのです。

これは「今、骨盤がひらいた状態になっている」というまぎれもないサイン。

脚をきれいに見せようとして、あえてつま先立ちで座る人もいますが、これはわざわざ骨盤をひらくような動作といえます。

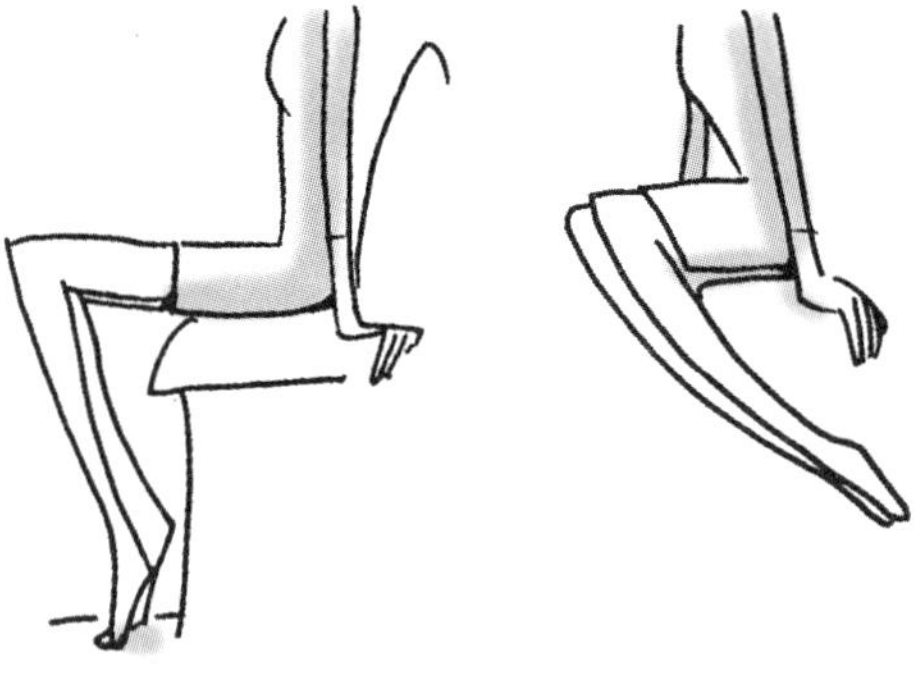

テスト3に○がついた人

骨盤がひらいている人は、**あおむけに寝たときも足首の角度がひらきぎみ**になるのが特徴です。

自分の寝姿をチェックしてみて、足首の角度が１８０度近くひらいていたら「骨盤はひらいている」、足の指先が天井のほうを向いていたら、「骨盤はしまっている」と診断できます。

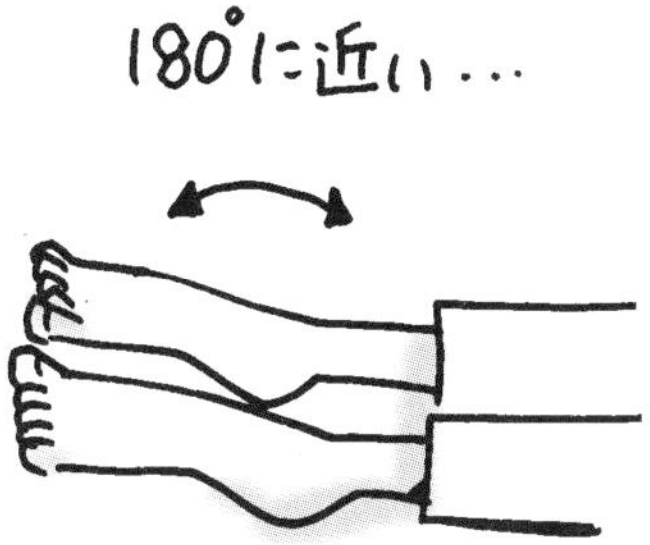

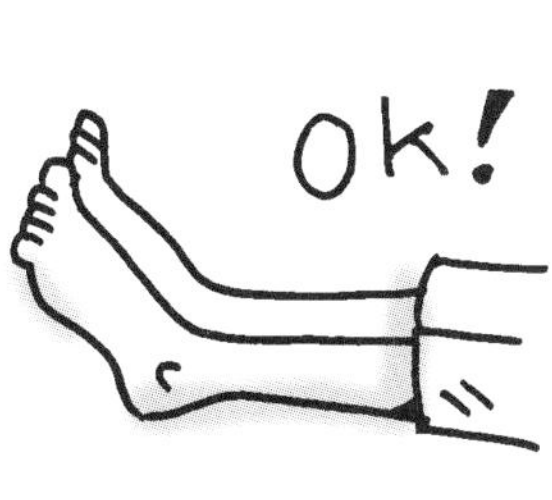

テスト4に○がついた人

足首が太くなるのは、食欲とも関係しています。たとえば、食欲が旺盛でドカ食いをしているようなとき、骨盤はひらいていて、足首は太くなります。

特に、**右足**。

右足には胃の収縮力が反映されます。右の足首がゆるんでいるときは胃の収縮力が低下しているため、食欲がコントロールしづらくなっており、食べたい衝動を抑えられなくなってしまうのです。

テスト5に○がついた人

足首をそらしたとき「そらしづらい」と感じたら、それも骨盤がひらいているサイン。

特に**小指側がそらしにくい人ほど、骨盤はひらいている**と診断できます。

逆に、足首をラクにそらすことができたら、骨盤の状態は良好。

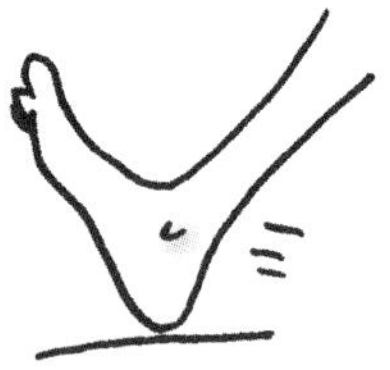

"頭のゆるみ"も太る原因

テスト6、7、8に○がついた人

目覚めの気分も骨盤の状態を知る重要なチェックポイントです。

「朝すっきり起きられない」、「ぼ～っとしてしまう」、あるいは「いくら寝ても眠い。寝足りない気がする」。これらはすべて、頭蓋骨のゆるみのあらわれです。

頭蓋骨がゆるんでいるときは、骨盤もゆるんでいるのです。こんなときはやたらと食べすぎてしまいがち。頭がぼんやりしていると「ここでやめておこう」「もう十分食べた」と警告を発っせられず、食欲のコントロールが効かなくなってしまうからです。

こんなお尻の人は太ります

テスト9、10に○がついた人

骨盤がひらいている人は、お尻も下がりぎみになっています。

骨盤が正しい位置にあれば、恥骨の上の延長線上に尾骨の先端があります。もし尾骨のほうが下がっていれば、骨盤もお尻も下がっていると判断できます。

Bad!
イヤー

体の〝ゆれ方〟ひとつで、太りやすさがここまでわかる

骨盤のひらきと同様に「体のゆがみ」の特徴から、太る理由を探ることもできます。チェック方法はとても簡単で、目をつぶって立つだけ。すると体が自然にゆれます。そのゆれ方から、骨格のバランスの悪いところを発見できるのです。

皆さんの体は、はたしてどの方向にゆれるでしょう？

「体のゆがみ」超簡単チェックテスト

1　できるだけ広々としたスペースを見つけ、まっすぐに立って目をつぶります。足の裏全体を床につけ、力を抜いて「まっすぐ立つ」ことに意識を集中します。

2　そのまま1分間。目をつぶっている間に体がどの方向にゆれるかをチェックしてみましょう。

あまり長い間目をつぶって立つと、よろけて倒れるなどの危険が伴うので、1分間を厳守してください。よろけたら、その時点で終了してください。周囲に家具や危険なモノのない所で行いましょう。

「体のゆがみ」診断結果 6つのタイプ

目をつぶって立っていると、体は重心のある方向に自然にゆれます。これをロンベルグ現象といいます。

体のゆれ方は、大きく次の6パターンに分類でき、それによって体のゆがみ傾向がわかります。それぞれのフォームの「★ゆがみの特徴」と、あらわれやすい「☆ゆがみ症状」は次の通りです。

フォームA　前に体がゆれた

★重心がつま先にあり、前傾姿勢になっている。

☆神経がピリピリしがち。

頭が疲れやすい。

顔にしわができやすい。

胃下垂になりやすく、太れない。

フォームB　後ろに体がゆれた

★重心がかかとにあり、うつむき姿勢になっている。

☆ズバリ、太りやすい。

ストレスで食べすぎる傾向あり。

脂肪太りでぽっちゃりしやすい。

便秘がち。

現代女性にとても多い体型。

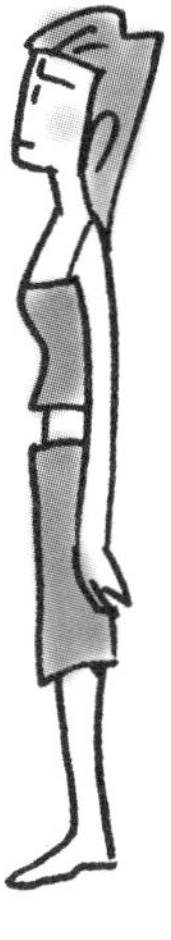

フォームC　左に体がゆれた

★重心が左足にあり、体のバランスが左に偏っている。左肩が下がっている。

☆食べ物に目がなく、
常に食べすぎる。
筋肉太りしやすい。
首や肩がこりやすい。

フォームD　右に体がゆれた

★重心が右足にあり、体のバランスが右に偏っている。右肩が下がっている。

☆胃腸が弱く、
食欲がなくてやせぎみ。
肌にハリがない。
冷え性。

フォームE　右に体が回った

★重心は右足のかかとと左足の親指側にあり、上半身が右にねじれている。

☆好き嫌いが多く、甘いものを好む。
吹き出物や、
じんましんが出やすい。
むくみがち。

フォームF　左に体が回った

★重心は左足のかかとと右足の親指側にあり、上半身が左にねじれている。

☆水太りの傾向がある。
下半身太りしやすい。
肌が乾燥気味。
生理痛が重い。

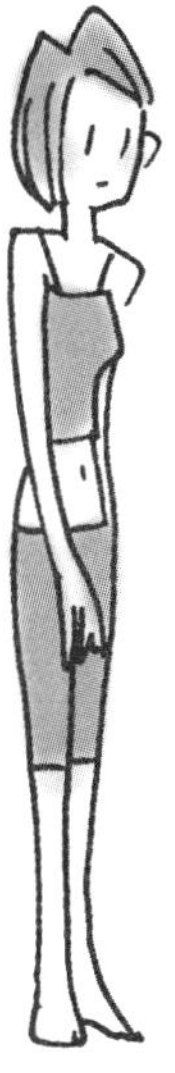

最も危険なのはどのタイプ？

目をつぶるとバランス感覚が鈍り、まっすぐ立ち続けるのは意外とむずかしいもの。たった1分間でも、ゆがみがあれば、必ず体は傾きます。

少しのゆれであればさほど問題はなく、バランスは比較的よいほう。

逆に、よろけるほど大きく前後左右にゆれたり、体がぐるぐる回った人は、ゆがみが大きく体のバランスがかなりくずれていると判断できます。

6つのタイプの中で、**体のゆるみによる異常があらわれやすいのが、B、D、F。逆に体の緊張による異常があらわれやすいのが、A、C、E。**

多くの方は、複数のフォームの特徴を備えているものですが、「朝2分」ダイエットは、各フォームごとのゆがみにも対応することができます。

骨盤がゆるみやすいフォームB、D、Fの方が「朝2分」ダイエットをすると、骨盤がしまり、太りにくくなります。

また、フォームAやBの方は、前後に偏っていた重心のバランスがよくなります。フォームCやDの方は、左右のバランスがよくなり、ゆがみが原因で起こっていた食欲のアンバランスが改善されます。

フォームEやFの方は、体のねじれが改善されていきます。


「朝2分」ダイエットをして体調がよくなるのは、ゆがみが改善されることで内臓機能が活性化し、血流、水分代謝など、**すべての流れがよくなる**からです。必要な量だけ食べれば、ちゃんと気持ちが満たされる、という具合に食欲が正常に戻るので、我慢や無理がありません。

ですからキレイにやせるには、ゆがみを取ることが必須です。

毎日体のメンテナンスをする、しないでは、それによって数年後、数十年後の体の状態がまったく変わってきます。今後もこの「ゆがみチェック」をときどき行い、体のメンテナンスに役立ててください。

確実にデブまっしぐら！
やってはいけない8つの姿勢

悪い姿勢や習慣はゆがみの主原因ですが、それには次のようなものがあります。

1　足を組んで座る
2　前屈みになってパソコン作業をする
3　椅子に浅く腰掛ける
4　横座りをする
5　片ひじを立てて寝転ぶ
6　椅子に座るとき、つま先を立てて座る
7　左右どちらかに重心をかけて立つ
8　片側だけに重いバックを下げて歩く

当てはまる項目が1つでもあれば、確実に骨格のゆがみをまねいてしまいます。
しかしこれらは、どれも私達が日常的にやっていることではないでしょうか。

裏を返せば、それだけゆがみと無縁でいるのはむずかしいということ。

試しに、今日一日の中であなたがした動作、姿勢を振り返ってみてください。

「午前中はずっとパソコンで仕事をしていた。しかも足を組んだまま……！」

「休みなので、ずっと寝転がってテレビを見ていた」

「たくさん買い物をして、大荷物を片手に持って歩いた」

その格好、その生活がズバリゆがみの原因となっています。

このような悪い姿勢が習慣になると、毎日毎日、ゆがみの原因を積み重ねていくことになります。数年、数十年先のゆがみのツケを考えると恐ろしい気がします。


もちろん、体のゆがみ方は１００人いれば１００通りあります。

しかも姿勢や行動パターンによっても日々変化していくものですが、普段デスクワークを主にしているのであれば、その座り姿勢のクセが、ゆがみの特徴を作っているはずです。そのゆがみ方次第で、太りやすくなったり、下半身太りになったり、胃の収縮をコントロールできなくなったりするのです。

“内臓がゆがむ”なんてありえるの？

いれものがゆがめば中身もゆがむ。

骨格のゆがみは脳や内臓にも影響をおよぼします。

ゆがみから、さまざまな体の不調があらわれる理由はそこにあります。

「いれもの」というのは、骨や筋肉。「中身」というのは骨格に守られた内臓や各器官です。たとえば、胸郭の中身は**呼吸器**、骨盤の中身は**泌尿器や生殖器**、頭蓋骨の中身は**脳**です。

骨や筋肉といったいれものと、内臓や器官といった中身は、常に連動しているのです。

また、背骨の中には神経の束（脊髄《せきずい》神経）が通っていて、脳や内臓とつながっています。神経の束は、背骨を構成する椎骨《ついこつ》の椎間孔《ついかんこう》という穴から枝分かれし、筋肉や内臓、そして頭から爪の先まで全身に伸びているのです。

ですから、背骨のどこかにゆがみが生じれば、その骨と接している神経や内臓は圧迫され、必ず影響がおよんでしまいます。


「ずっと腰の具合が悪くて」

「食欲がなくて、胃腸の具合がもうひとつなんです……」

そんな患者さんの背骨をチェックしてみると、症状と関連のある部分にゆがみが生じています。話を聞いてみると、そこに負担をかけるような姿勢や生活習慣をしていることがわかります。


また、「口をひらきづらい」「あごが痛む」などの症状を伴う顎関節症が最近増えていますが、これは骨盤のゆがみに起因しています。

あごと骨盤、あっちとこっち、遠く離れていますが、体の内部では直結しているのです。

あごの痛みは骨盤のゆがみが原因かもしれませんよ
う〜〜っ

デスクワーク
――運動不足より怖いのは……

女性の場合、もともと男性よりも骨盤が柔軟にできています。生理や出産に対応できるよう開閉しやすくなっているためですが、だからこそ、ひらきやすくゆるみやすいといえます。**出産を機に太る女性が多いのも、骨盤がひらくことと関係しています。隙あらばゆるむのが骨盤！** だから油断大敵なのです。

特に気をつけなければならないのは、デスクワークの女性。

そもそも一日の大半をパソコンの画面と向き合っているといった、同じ姿勢で長時間過ごすこと自体が体によくありません。

デスクワークの方は、「運動不足だから太る」と考えがちですが、真の問題は、運動不足以前に〝姿勢の偏り〟にあります。

長時間座った姿勢でいると、自然と胸郭がしまります。

座り姿勢が多い女性できれいなお尻のラインを維持している人は、残念ながらほとんどいません。長い時間座っているとお尻の丸みがつぶれるため、きれいなラインを維持するのはむずかしいのです。

仕事ができる人の〝お尻〟

仕事で神経をとがらせると精神的なストレスがたまります。すると正しい姿勢を維持する余裕はなくなり、いつもより頻繁《ひんぱん》に脚を組んだり、肩に強く力が入ったりして、悪い体型の特徴がますます強化されます。

座り姿勢で長時間心身のバランスを維持するのは難しいため、結局、多くの方の体型はくずれ、デスクワーク特有の体型になっていくというわけです。

逆に外回りの営業や接客の仕事など、**普段から活動的に動いている人はお尻に丸みがあり、骨盤は自然としまっている**ものです。

ところで、骨盤がゆるんだ状態でデスクワークをしても、能率はあがりません。

なぜでしょう？

骨盤がひらいた状態では、頭蓋骨、とりわけ後頭部がゆるんで、ぼ〜っとした状態になってしまうからです。頭脳労働が中心の生活だと、神経のほうは尖って緊張状態が続くのですが、体はゆるんだままのため、アンバランスが生じてしまうのです。

「太る」「タレる」から、身を守る唯一の方法

肥満も「ゆがみ」と深い関係があります。骨盤がゆがんでひらけば、体全体がゆるみ、自然と贅肉や余分な水分、老廃物を溜め込みはじめます。

私たちの体の外側と内側は、互いを映し出す鏡のようなもの。

「太る」「タレる」「ゆるむ」「むくむ」といった**目に見える変化があれば、体の内部**

でもなんらかのアンバランスが生じているのです。

では、あらゆるゆがみ症状から身を守るにはどうすればいいでしょう？

それはもう、「いれもの」をゆがませないことにつきるでしょう。

骨格が整えば、臓器のゆがみも改善されます。そもそも整体の目的とは、いれものである骨格と筋肉のゆがみを直して健康な体を作ることなのです。

この機会に、ぜひライフスタイルを見直してみてください。

骨盤がひらかないようにするには、**靴はローヒールの方が好ましい**のですが、そうは言ってもハイヒールはお洒落の大切なツールです。まったく排除することはできません。

ではどうすればいいかというと、それはもう、まめにケアをするしかありません。ハイヒールを履いたら、そのぶんセルフケアをしてバランスを取っていくのです。

「朝2分」ダイエットは、ハイヒールを履いた後の骨盤や姿勢の矯正にも適しています。

さらに追加のセルフケアとして、89ページでご紹介する骨盤をしめる簡単な足首の運動をしたり、いわゆる**「アキレス腱伸ばし」**をしたりして、ゆるんだ足首をしめるようにしましょう。骨盤は、ちょっとした足の動きで変化します。

簡単にゆがみが取れる「1分体操」

骨や筋肉は柔軟なので、その都度調整すれば大きなゆがみにいたるのを防げます。**ゆがんだら、すぐ戻す**。本書で気づいたあなたは幸運です。さあ、その場でサッとできるうえ、しっかり骨格を矯正できる、ゆがみ直しの体操をお教えしましょう。

①背骨まっすぐ！「肩の上下体操」

1　まっすぐに立った状態で、手のひらを上にして後ろで手を組みます。
2　ひじを伸ばしてリズミカルに肩の上下運動をします。
3　組んでいた手を離し、腕を自然におろした状態で肩の上下運動をします。

回数のルールはありません。いつ、何回やってもOK。1回の目安として、気持ちよく感じられる程度に10セットくらいから始めてください。わずかなゆがみなら、この運動だけで解消され、さらに負担がかかっても元に戻りやすくなります。

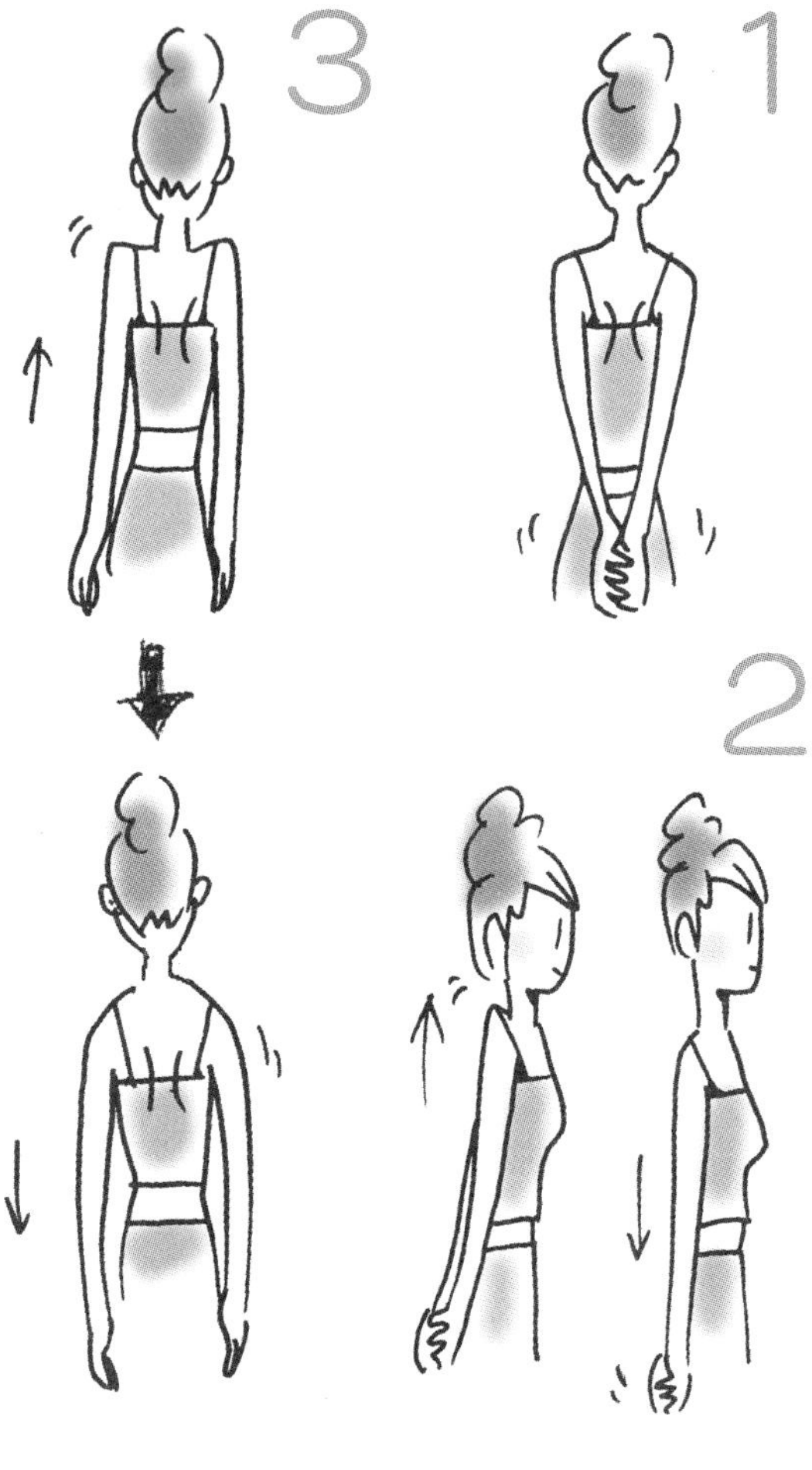
3
1
2

② 骨盤バランスがぐっとよくなる「足首そらし」

骨盤をしめ、左右のバランスを整える体操です。

椅子に座った状態で、両足のかかとで床を押すようにして、足首をぐっとそらします。

このとき、どちらか一方の足がそらしにくければ、左右のバランスが悪くなっている証拠。その場合は、そらしにくいほうの足だけ行うとバランスがよくなっていきます。

特に胃拡張ぎみの人は右足がそらしにくくなるものです。

何回やってもＯＫ。

この体操は、骨盤がひらきやすいフォーム**Ｂ、Ｄ、Ｆ**の人にも適しています。

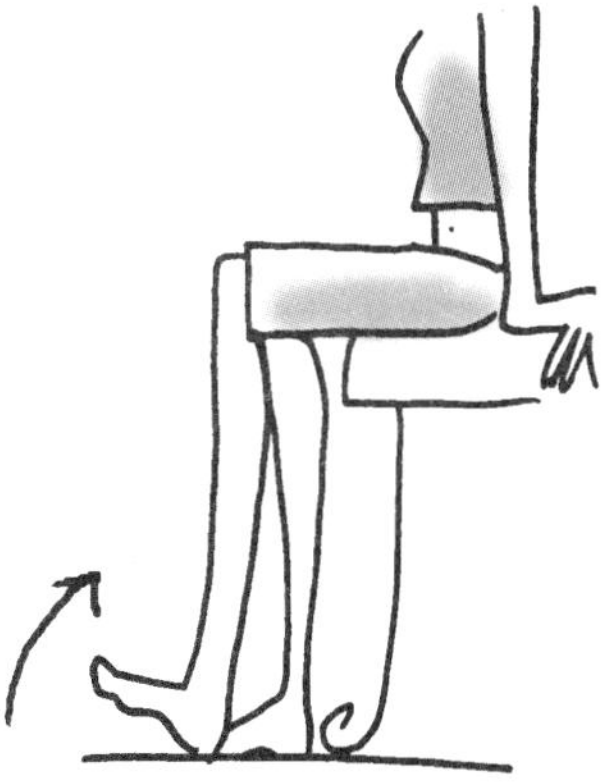

③ 不思議！ 後ろ重心が直る「かかとたたき」

特に後ろに重心が偏りすぎている人向き。
壁際に立ち、トントン、トントン……と、かかとを壁に交互にぶつけます。
いつどこで何回やってもＯＫ。１分以内で十分です。アキレス腱伸ばしも効果的です。

④ 美しさ200％アップの「座り方」

デスクワークをはじめ、毎日、座っている時間が長い人は、座り姿勢をよくするだけでゆがみが予防できます。そのうえこの姿勢で仕事をしていたら、ほれぼれされること間違いなしです！

1　椅子に座ったまま肩を上げます。
2　そのまま肩を後ろに引いて落とします。
3　アゴを引き、腰をぐっと入れてお尻を突き出す格好になります。
椅子の高さは、ひざを90度に曲げて座ったときに、足の裏全体が床につくくらいが

アゴを
引く
S
字
90度

適当です。正しい座り姿勢は「上体がまっすぐ立っている状態」と思っている人がいますが、これは間違い。正しい姿勢で座ると、横から見たとき上体は自然に彎曲《わんきょく》し、腰がぐっとそったS字形になるものです。

正しい座り姿勢をすると「きつい」「すぐに疲れる」と感じる方は、普段の座り姿勢が悪い証拠。一日に何回かこの矯正法を行い、正しい姿勢を体に覚え込ませましょう。

近年、目や腕に不調をきたすパソコン症候群が問題になっていますが、いい座り姿勢を保てば、疲れにくくなるうえ仕事の能率もアップ、視力の回復も期待できます。

自分の座り姿勢というのはなかなかチェックしづらいものです。

ですから、お友達や家族に頼んで普段の座り姿勢を、ケータイやデジカメで写してもらってはいかがでしょう。写真で見ると、自分の知らない意外な座り方のクセがわかって、びっくりしますよ。

スポーツから食事まで、これで完璧〝ゆがみ撃退生活〟

皆さんは、体のために何かスポーツをしていますか？

実は、「体のために」と思ってやっているスポーツが、「ゆがみの原因」になっていることがよくあります。たとえばゴルフ、テニスなど、片側だけをねじるような偏った体の使い方をするスポーツがそうです。

私はゴルフはしませんが、**「プロゴルファーは逆に打ってもうまい」**という話を聞いたことがあります。つまり、利き腕と反対の腕で打つ練習も常にしているということでしょう。プロゴルファーの方は骨格のしくみをよく知っていて、体をゆがませないためにバランスよく動かす訓練をしているようです。

右をねじったら、左も同じようにねじる。その心がけひとつで、どんなスポーツでも体のバランスを維持することはできます。

素人《しろうと》の方は、体のゆがみ予防にまではなかなか気が回りません。一生懸命に同じスポーツをやり続け、知らず知らずのうちにゆがみを悪化させてしまうのです。

今日から、バランスを維持するためのちょっとした工夫をしてみましょう。

どれも簡単なことばかりです。常に左右対称に体を動かす「シンメトリーな生活」を心がければいいのです。

◎スポーツ後に、プロが必ずする体操

ゴルフやテニスなど、片側をよく使うスポーツをしたときは、あとで整理体操をして逆側も同じように動かしましょう。

たとえば、利き腕の右手でラケットを持ってテニスをしたあとは、整理体操では左手でラケットを持って素振りをします。

◎重いバッグを持ったなら

いつも使わないほうの手でも、バッグを持ってみましょう。両手を均等に使うよう、交互に持つことがゆがみ対策において重要です。

よしっ
左右対称!!
う～ん
kin
tou

◎みるみるやせる歩き方のコツ

ゆがみのリスクの少ないスポーツは、水泳、ジョギング、ウォーキングなどです。中でも最も身近な健康法はウォーキングですが、普段歩くときに気をつけるだけでも体を引き締められます。毎日のことなので、体への影響力は大きいのです。

コツは親指側、つまり足の裏の内側に力を入れて歩くこと。

こうして歩くと前後左右に偏っていた重心も次第に調整され、バランスが取れてきます。ただし、のどが痛いときにやると症状が悪化することがあります。風邪ぎみのときは、避けてください。

◎食べるときには、ここまで気をつけたい

栄養のバランスはもちろん、「左右均等に噛む」ことも心がけてください。偏った噛み方では首が偏り、全身をゆがませます。虫歯があると、どうしても虫歯のないほうの歯で噛んでしまうものです。できるだけ早く治療し均等に噛むようにしましょう。

〝41歳寿命説〟が、実現してしまうかも⁉

若い人は体の細胞も若く、肌にはツヤがあり、パワーにあふれています。表向きは元気そのものに見えます。ところが、一皮むけば「骨格はぐちゃぐちゃ」でひどくバランスが悪い、というのが私の印象です。

私が整体師になった約20年前と今とを比較してみると、若い人の骨格は以前より確実にゆがんでくずれてきているのです。

ゆがみ現象が、若い世代を中心に急速に拡大しています。

姿勢が悪い、あまり動かず骨や筋肉を鍛えていない、偏った体の使い方をする……これらがゆがみを加速させる最大要因です。

「胸郭がしまり、骨盤がひらきぎみ」になって「ゆるむ」傾向にある人が、若い世代でも圧倒的に多いのです。

子供の頃からテレビゲームやパソコンに熱中して、体を動かさなかった影響もあるのでしょう。しかも、姿勢を厳しく注意する親や大人も少なくなっているため、正しい姿勢を学ぶ機会さえ得られなくなっています。結果、見るからに姿勢の悪い人がどんどん増えていきます。

たとえば、食事をするときの姿勢。

レストランに入ってお客さんの食べる姿勢を観察してみると、高齢者がピンと背筋を伸ばして食事をする隣で、若い人たちがひじをつき、犬食い姿勢で食べているのを見かけることがあります。若年層ほど「ぐにゃっ」としまりがないのです。

そもそもうつむいてケータイを覗《のぞ》き込む姿勢がよくありません。足を組んで座れば、嫌でも体はゆがみます。いくら周囲を見回しても、100点をあげられるような姿勢の10代、20代の方にはなかなかお目にかかれないのが現実です。

体がゆるむということは、ある意味豊かさのあらわれかもしれません。

あまり体を動かさなくても無理なく生活できますし、食べるものも身の回りになんでもあります。しかし、その便利さに甘えすぎると体が怠けてしまうのです。

私は皆さんの体のゆがみを直すのが仕事なので、日々たくさんの人とその体と接していますが、「若いのによくぞここまで……」と驚くような体と出会うことも度々です。

上半身がねじれている。

極端な後ろ重心になっている。

上半身と下半身が、たがいちがいにゆがんでいる……。

骨盤がひらききったうえに、あちこちゆがんだ体も少なくありません。

「長寿国ニッポン」の未来は大丈夫でしょうか？

以前「41歳寿命説」というのが話題になりましたが、若い人の骨格のゆがみ具合を見ていると、それもにわかに信憑性《しんぴょうせい》を帯びてくるのです。

Part 3

一生太らない健康で美しい体が
あなたのものに

実践!
骨盤が目覚めた!

こんなに簡単なのに効くのは、なぜ!?

ストレスがゼロだから、できる、変われる！

さて、いよいよ実践です。「朝2分」ダイエットは、2パターンの深呼吸を覚えれば、明日の朝からすぐ始めることができます。そして今お教えする3つのルールを厳守するだけで、皆さんの体はすぐに前向きに変わりはじめます。

・体全体が引き締まる（特に、下腹部や太ももがすっきりする）
・体重の減少、サイズダウンなど目に見えた変化があらわれる（特に肥満傾向の人）
・行動力が高まる、能動的になる
・目覚めがすっきりする
・太りにくくなる
・食欲が正常に戻り、食べすぎなくなる
・姿勢がよくなる

・顔色がよくなる
・体調がよくなる（肩こり、生理痛、胃腸トラブルの改善など）……。

個人差はありますが、これまでの事例から、数日のうちにこうしたなんらかの体の変化を感じるでしょう。

体重は平均的な体型の女性なら、２週間で２〜３キロは落ちます。だいたい１週間で１キロと考えていただければいいでしょう。もちろん、減量の速度には個人差があります。肥満体型の人や男性の場合は８キロほど減るケースもあります。

正しく行えば、人体の法則で骨盤がしまるため、確実にやせられます。

しかも、太っている人ほど効果は早くあらわれます。

最初は「毎朝続けられるだろうか？」と思うかもしれませんが、気持ちいいことは言われなくても続けたくなるものです。

しかも体に変化があらわれれば、これを励みにもっと続けたくなります。

たとえやり忘れてしまった日があっても、心配無用。次の日からまた継続すれば効果は持続します。継続することで「骨盤がしまりすぎる」ということはありません。バランスのいい状態まで改善されたら、今度はそのいい状態をキープすることができます。

健康維持のため、美しい体作りのため、ずっと続けていってください。

理想のサイズ、理想のボディラインに向かって体が生まれ変わっていくのは楽しいものです。

今、あなたがどのような体型であれ、この本に書いてあることをきちんと実行していけば、必ずきれいに引き締まり、やせていくと確信しています。

やせるしくみを「頭」で理解することも、ダイエット成功のカギを握っています。

この3つのルールを守った人は、必ずやせられます

「朝2分」ダイエットには、3つのルールがあります。

1　朝起きてすぐ寝たままの状態で行う
2　深呼吸が終わったら、うつ伏せになってから起き上がる
3　深呼吸が終わったあと、二度寝はしない

ルールはこの3つだけです。効果に影響があるので、しっかり守ってくださいね。

なぜ朝、寝たままが効果的なの？

よく受けるのがこの質問です。

起きてすぐがいいのは、朝のほうが骨盤がしまりやすく、しかもすっきり目覚められるからです。ここが大切なところです。

骨盤が「ひらく」「しまる」というのは、骨盤を構成する左右の腸骨がひらいたりしまったりすることです。

骨盤は周期的に開閉していて、一日の中では〝**夜ひらいて朝とじる**〟というリズムがあります。そこで、とじるタイミングを利用して寝起きに「朝2分」ダイエットをするのが、最も自然なのです。つまり、しまるべきときに意識的にしめる作戦で、体の引き締め効果を高めようというわけです。

しかも、骨盤がしまっているときは頭骨も引き締まるため、脳は覚醒し、頭脳は明《めい》晰《せき》になるというおまけつき。寝起きが爽快になり、すっきりした頭で一日をスタートできます。

では、昼や夜に「朝2分」ダイエットをした場合、どうなるでしょう。

骨盤リズムからいうと、昼は骨盤がひらきはじめ、夜はひらききってしまいます。

つまり、そんなときにとじる運動をすると骨盤の自然の開閉リズムとは逆らった動きになるわけで、あまりいいタイミングとはいえません。頭骨もしまるため、夜やると頭が冴えて眠れなくなってしまうこともあります。

だから、やっぱり朝がいちばん。

とりわけ活動前の〝寝起き〟にこだわる必要があります。一度起き上がってしまうと骨盤の状態も変化するので、「目覚めたばかりの骨盤」を操作することに意味があ

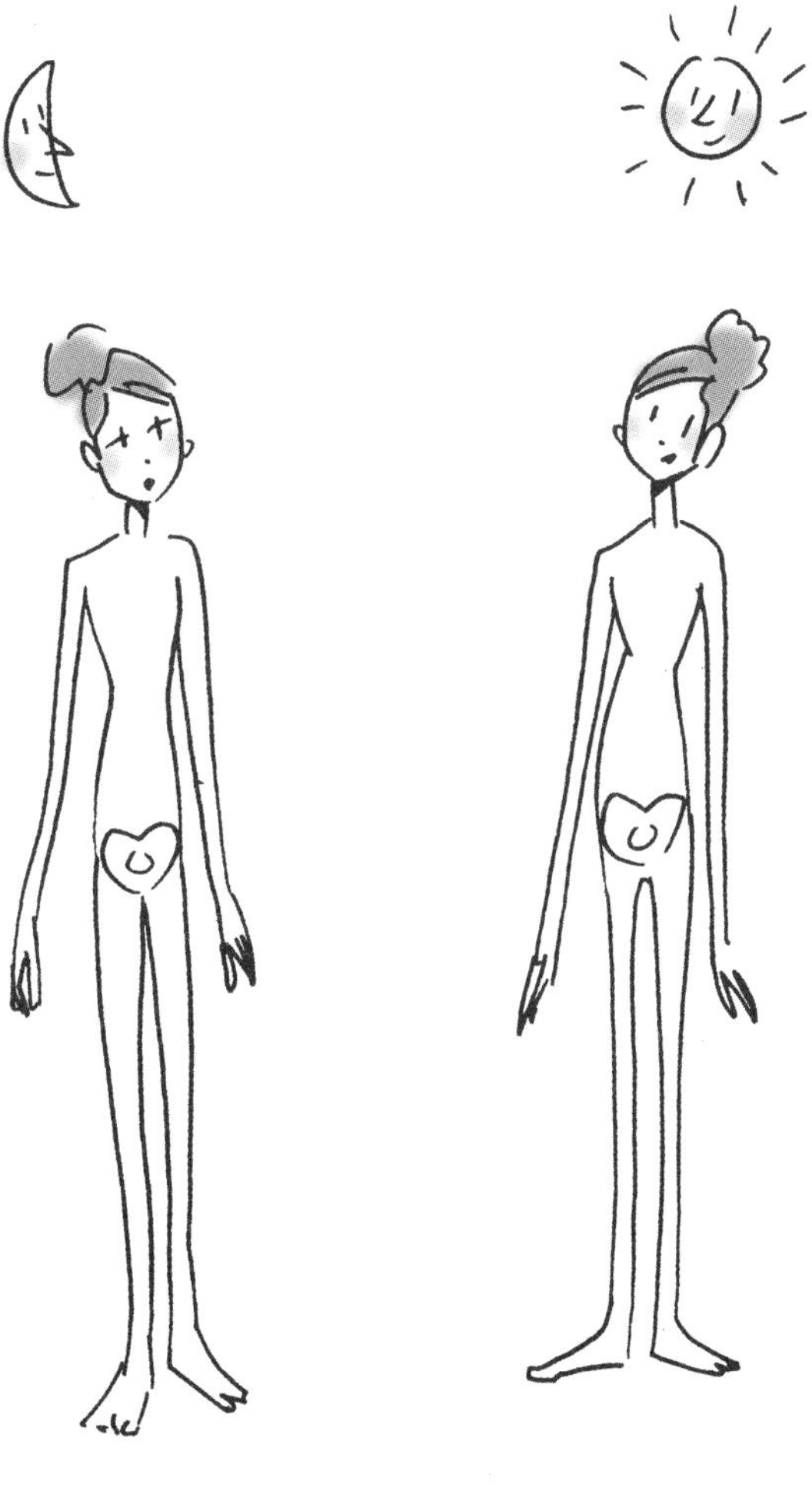

るのです。

他にも、骨盤には生理周期に合わせた月の開閉リズム、そして四季に応じた一年の開閉リズムがあります。

月でみると、生理前に骨盤はひらき、生理後にしまりはじめます。

一年単位では、春から夏にかけて骨盤はひらき、秋から冬にかけてはしまります。

そこで、「朝2分」ダイエットをスタートする時期は、骨盤がしまっている秋から冬がベストなタイミングといえるでしょう。

季節の中でもちょうど骨盤がしまる時期に始めれば、それだけでダイエット効果が高まり、やせやすくなるというわけです。

一般に、秋から冬は食欲も旺盛になって「太りやすい時期」と考えられがちですが、骨盤の開閉リズムから考えると、**秋から冬こそ「いちばんやせやすい時期」**なのです。

うつ伏せになってから起き上がるのは、なぜ？

深呼吸が終わったら、うつ伏せになり、ひざをひらいてゆっくり起き上がりましょう。これは、腰回りの筋肉を痛めないためのコツです。

あおむけに寝たまま腹筋だけで起き上がった場合、腰の前面から太もも（大腿骨《だいたいこつ》）にかけてついている「腸腰筋《ちょうようきん》」という筋肉が急に引っ張られ、傷ついてしまう恐れがあるからです。

二度寝がダメなのは、なぜ？

深呼吸をしたあと、ふと時計をみたらまだ10分くらいは寝る余裕がある……。そんなときでも二度寝をしてはいけません。

なぜなら、頭骨、特に後頭部の骨がゆるんで下降してしまうからです。

「朝2分」ダイエットをしたあとは、頭骨がしまって行動力が高まります。すぐに起き上がれば、頭も冴えて快適な朝を迎えられるでしょう。ところが二度寝をすると、せっかく入った力がふにゃっと抜け、しまっていた頭骨も骨盤もゆるんでしまうのです。つまり、体がまた、深呼吸をする前の状態に戻ってしまうというわけですね。

個人差はあるものの、二度寝を繰り返した場合、頭皮が指でつまめるほどゆるんでしまうケースもあります。そうなると目覚めても頭がすっきりせず、まるでいいことなし。

深呼吸を終えたらすぐに起き上がって、一日の活動をスタートさせましょう。

実践！「胸をひらく深呼吸」

さあ、いよいよ実践です！
いずれの体操をするときも、枕ははずしてください。

1　あおむけに寝た状態で手のひらを上にして手を組み、かかとを突き出す要領で足首をそらします。
2　そのままの姿勢で大きく息を吸いながら体を上下にめいっぱい伸ばします。胸に大きく息を入れることを意識してください。
3　息を吸いきれなくなったところでいったん息をとめ、口から「ハッ」と強く一気にはききって脱力。

つまり、「大きく息を吸って、吸って……、とめて……、一気にはききって脱力！」

実践！「背中をひらく深呼吸」

1　あおむけに寝た状態で手のひらを下にして手を組み、足首は天井と平行になるようにまっすぐ伸ばします。

2　そのままの姿勢で大きく息を吸いながら体を上下にめいっぱい伸ばします。胸に大きく息を入れることを意識してください。

3　息を吸いきれなくなったところでいったん息をとめ、苦しくなったら口から「ハッ」と一気に強くはききって脱力。

つまり、「大きく息を吸って、吸って……、とめて……、一気にはききって脱力！」

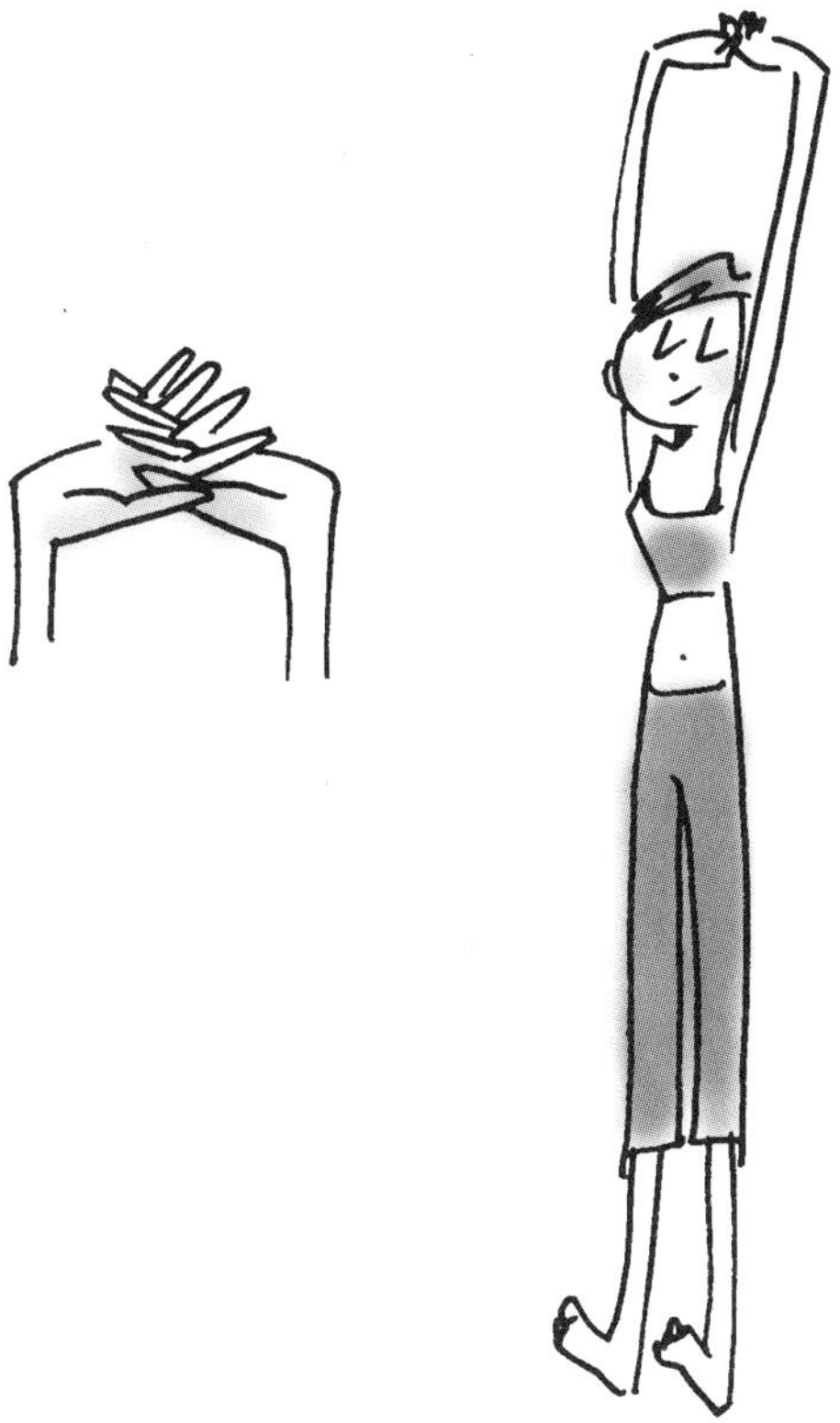

● 胸をひらく深呼吸

この「胸をひらく深呼吸」と「背中をひらく深呼吸」の2つをワンセットとし、毎朝「寝起きに3セット」を目安に続けていくことが「朝2分」ダイエットの基本です。「胸をひらく深呼吸」と「背中をひらく深呼吸」の間は、少しあけます。普通の呼吸を3呼吸するくらいがちょうどいいでしょう。

そして同じ要領で2セットめ、3セットめというように繰り返します。

つまり、「朝2分」ダイエットの手順は次の通り。

胸をひらく深呼吸（3呼吸おく）背中をひらく深呼吸（3呼吸おく）〈1セットめ〉

↓

胸をひらく深呼吸（3呼吸おく）背中をひらく深呼吸（3呼吸おく）〈2セットめ〉

↓

胸をひらく深呼吸（3呼吸おく）背中をひらく深呼吸（3呼吸おく）〈3セットめ〉

↓

うつ伏せになってから起き上がる

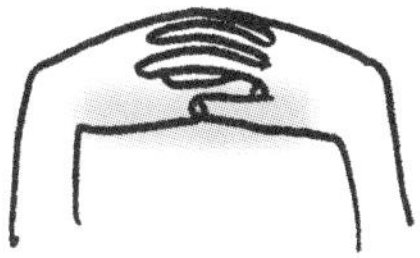

●背中をひらく深呼吸

時間がないときは2セット、または1セットでもかまいません。

1セット、2セット、3セットと続けるうちに体温が上がり、体がぽかぽかしてきます。それこそ効いている証拠。骨格、筋肉、血流、内臓機能、そして心……すべてがよい方向に変わりはじめるのです。

このように、「朝2分」ダイエットはマニュアルも面倒な計算も努力もいらず、とても簡単です。

しかも、手足の動きというスパイスを効かせるだけで、ただの深呼吸とは一味も二味も違うダイエット効果が得られます。

まさに、〝贅肉〟を削ぎ落とした無駄のないダイエット法なのです。

それぞれの動きには、どんな効果がある？

「朝2分」ダイエットの動きには、それぞれ次のような意味があります。なぜその動作をするのか知っておくと、効果的に体を動かせます。

●伸び

伸びをするだけで、骨盤がしまります。

●2パターンの手の動き

胸をひらく深呼吸は手のひらを上、背中をひらく深呼吸は手のひらを下にして組むことで、胸と背中をそれぞれしっかり伸ばします。

手を組まずにただ腕を真上に伸ばすだけでも筋肉は伸びるのですが、手首の動きを加えればさらにしっかり伸ばせるので、効果がアップします。

どちらか一方だけではなく、必ず2パターン行いましょう。

●息を吸う動き

ダイエット目的で深呼吸するなんて、多くの人にとって初めての体験ではないでしょうか。

「やせる」というと、すぐに「食事制限」や「運動」を連想しがちですが、もう1つ大きなカギを握っているのは「呼吸」です。

変な言い方ですが、私たち一人一人の骸骨は、非常にうまくできています。

体の中心には背骨があり、頭、腕、脚はこの背骨で1つにつながっています。

深呼吸で胸郭を伸縮させることができるのは、胸骨と肋骨《ろっこつ》の間に軸となる**「胸肋関《きょうろく》節」**という関節があるからです。

この胸肋関節と密接な関わりがあるのが、骨盤にある**「仙腸《せんちょう》関節」**。この関節は仙骨と左右の腸骨の合体部分にあり、骨盤の開閉の軸となっています。

面白いのは、この2つの関節は「シーソー」の関係にあるということ。

つまり、胸肋関節がひらけば、仙腸関節がとじる。逆に、胸肋関節がとじれば、仙腸関節がひらく。

シーソーのぎっこんばったんのように、あっちがひらけば、こっちがとじるという

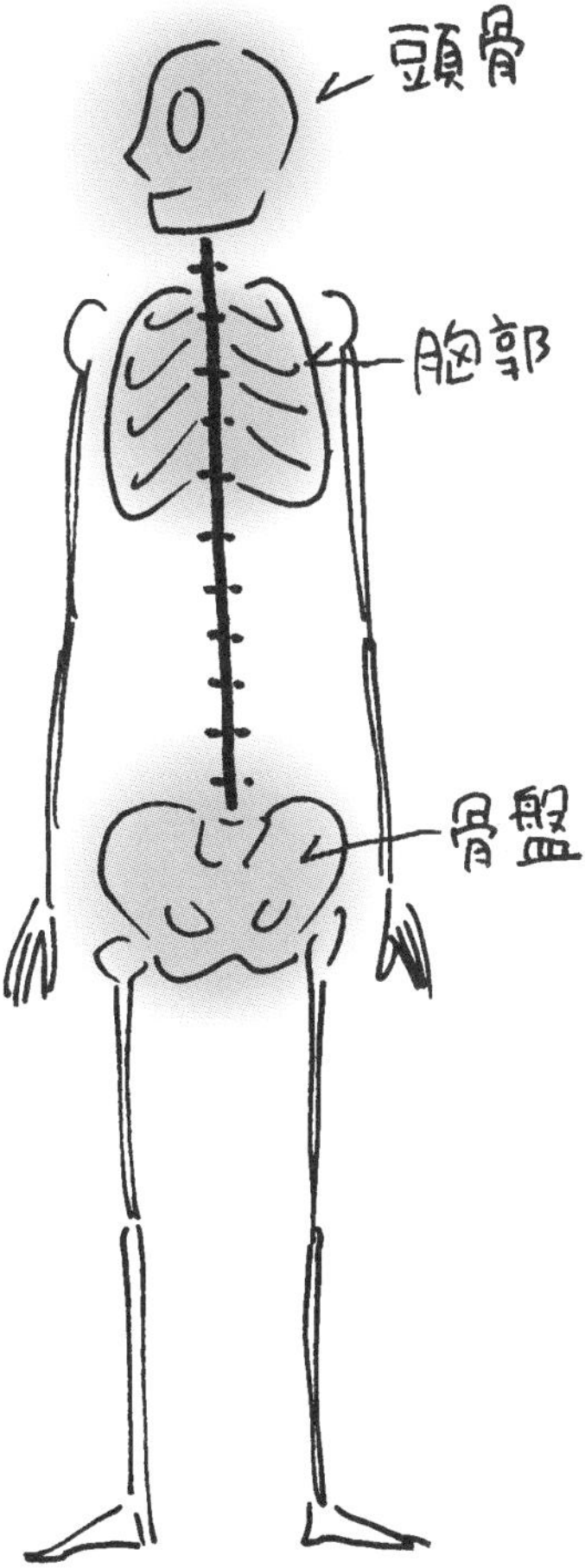
頭骨
胸郭
骨盤

切っても切れない関係です。このことから、

「胸郭と骨盤はシーソーの関係にある」

といえるのです。

だから、「朝2分」ダイエットで胸郭をひらけば骨盤がしまるのです。

毎日胸肋関節を広げていると、日に日に息が吸いやすくなり、骨盤はよりしまりやすくなります。深呼吸を続けるほど好循環が生まれるというわけです。

骨盤がしまると、そのおまけ現象として、

「頭骨もしまる」。

しかも、骨盤はすべての関節の中心になっているため、骨盤がしまると、

「体全体がしまる」のです。

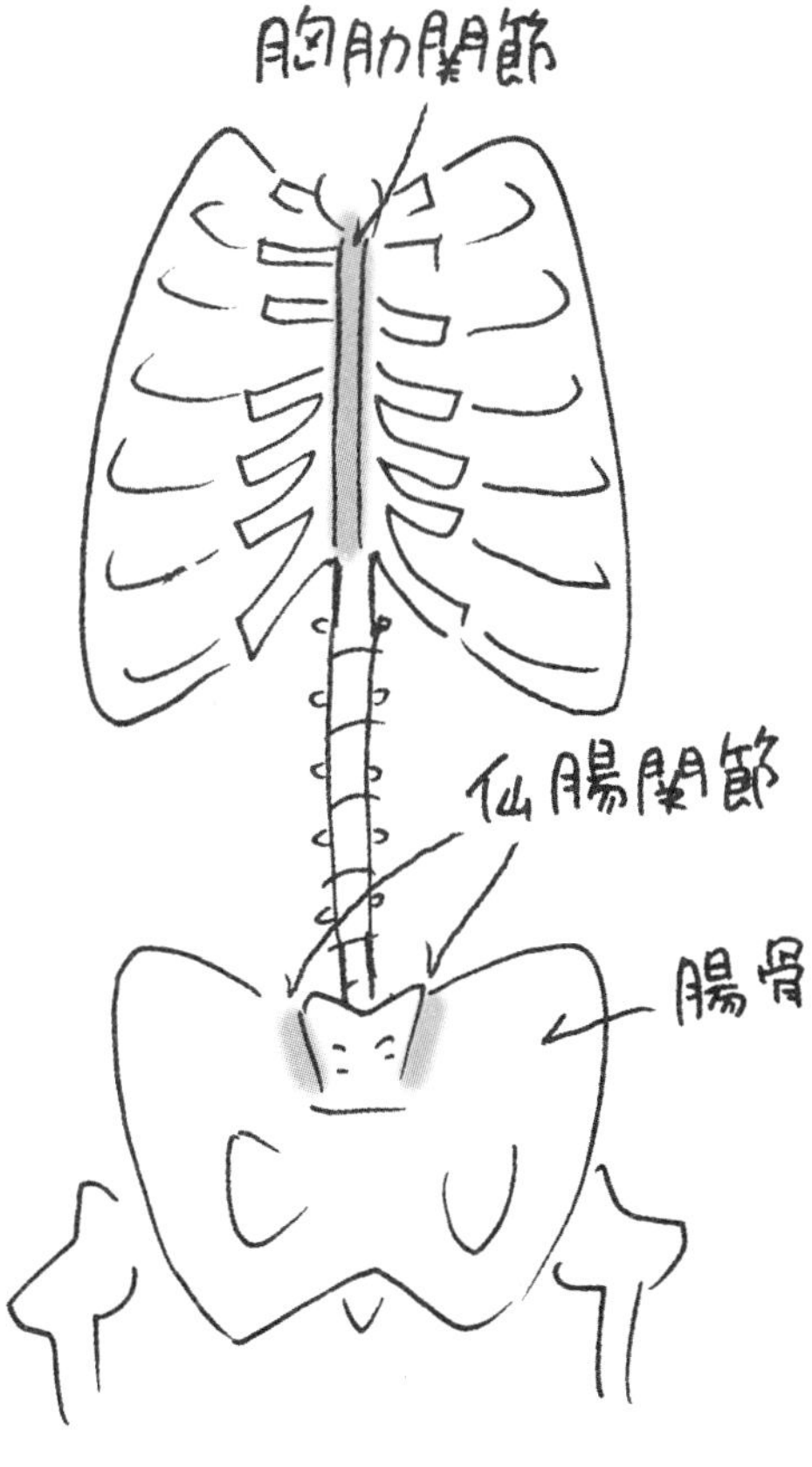
胸肋関節
仙腸関節
腸骨

●息を一気に強くはく

筋肉は息を吸うと緊張し、息をはくとゆるみます。

深呼吸して一気に息をはけば、全身の筋肉が一気にゆるんでやわらかくなり、ひらいたまま固まっていた骨盤が、しまりやすくなります。

ヨガや瞑想の呼吸法は「細く長くゆっくりはく」ことに重きを置いていますが、「朝2分」ダイエットでは、まず「思いきり吸って」体を緊張させ、**「ハッと1秒ぐらいで一気にはききって」全身の筋肉をゆるめる**という呼吸法が効果的です。

●足首の動き

胸をひらく深呼吸のときは足首をそらし、背中をひらく深呼吸のときは足首を伸ばします。足の動きをつけると、しっかり全身の筋肉を伸ばすことができるので、より筋肉がやわらかくなります。手の動きとともに、胸と背中を均等に伸ばします。

●小休止

体操の間に普通の呼吸を3呼吸するのは、緊張させた体を十分にゆるませるためで

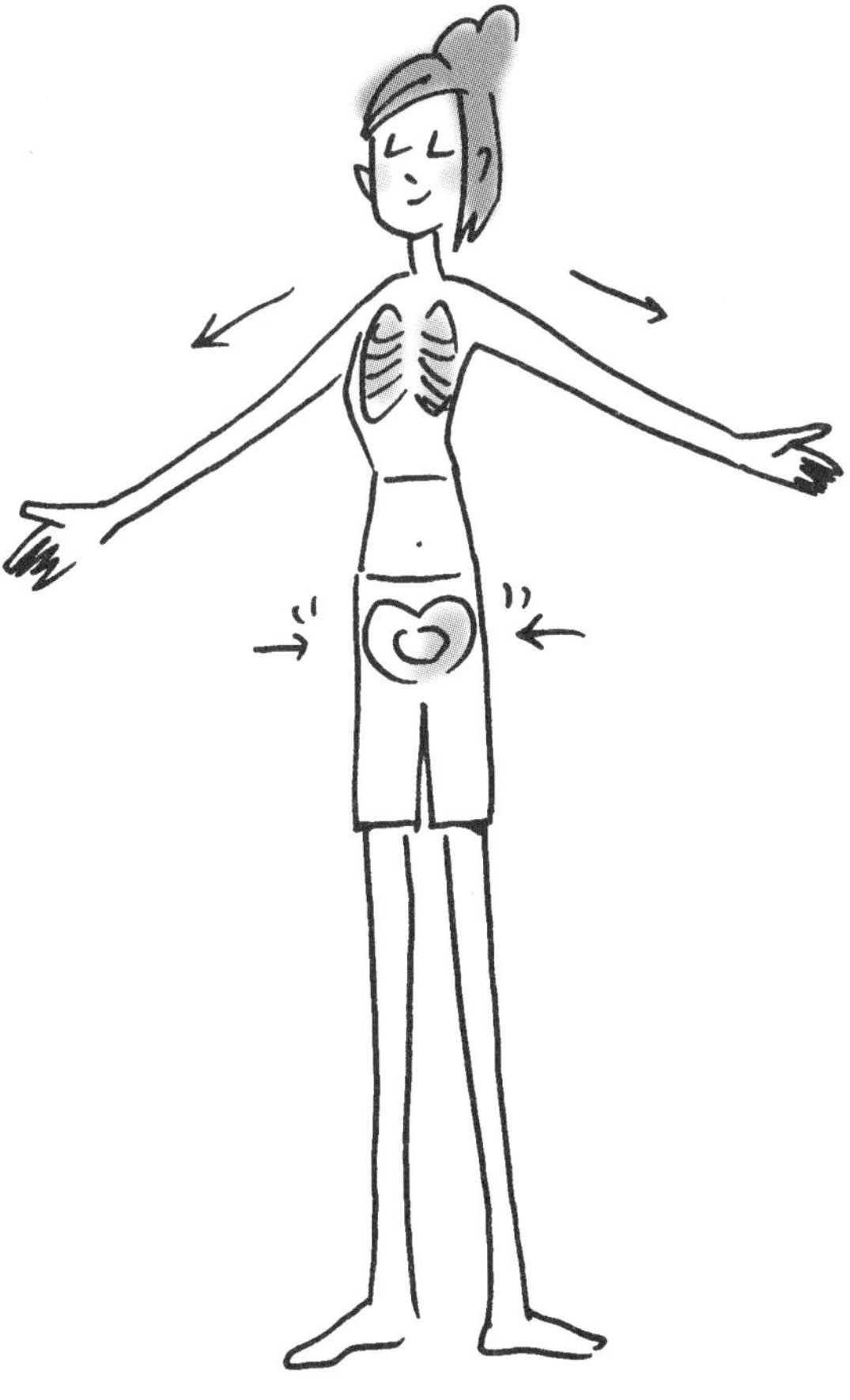

胸郭がひらけば骨盤はしまる

す。伸ばす・ゆるめる、の繰り返しで、骨盤をどんどん動きやすくしていきます。

ところで、運動したあとで爽快感を覚える理由の1つは、ベータ・エンドルフィンなどの「快」の感情をもたらす脳内物質の分泌が盛んになるからといわれています。筋肉の刺激が脳に伝わり、体が喜ぶ脳内ホルモンがたっぷり分泌されているのです。

心と体の両面から相乗効果で、たった2分のダイエットタイムがダイヤモンドのように輝くのです。

こんなとき、どうする？

「朝2分」ダイエットを体験してみて、皆さんはどう感じるでしょう？

「難なくできた」

「とても簡単」

ならば、問題なし。そのまま毎朝2パターンの深呼吸を続けてください。

もし「体がうまく伸びない」「呼吸しづらい」など、やりづらさを感じた方は、少々体がさびついているかもしれません。体をスムーズに動かすために、簡単なメンテナンスをしておきましょう。

いずれも、枕ははずして行います。

① 体が硬くて伸びない人へ さび落としC「字体操」

普段あまり体を動かしていない人や、手を上げる動作をあまりしない人は、深呼吸をした際、脇の下がつれるような違和感を覚えるかもしれません。その場合は、最初の1、2日間だけ体のさびを落とす「C字体操」を行ってから「朝2分」ダイエットを始めてください。

この「C字体操」は1回やっただけでもかなりの効果があり、脇の下の違和感がとれて体の動きがスムーズになります。

1　あおむけに寝ます。
2　痛みやつれる感じが強い方の手を真上に伸ばします。
3　息を思いきり吸いながら、両足を上げたほうの手と逆側に伸ばします。
右手を上げたら両足は左側へ、左手を上げたら両足は右側へ伸ばしてください。

ちょうど体でCの字を作る感じです。

体を伸ばしながら、胸に大きく息を入れて深呼吸をしましょう。
4　息を吸いきれなくなったらいったんとめ、口からハッと強く一気にはいて脱力。

つまり、「大きく息を吸って、吸って……、とめて……、一気にはいて脱力！」

1セットを終えたら3呼吸の間をおきながら、3セット行います。

普通に両手を上げたとき引きつる感じがなくなれば、この体操は終了。

「C字体操」をした翌朝、あるいは翌々朝からは、両手を使った通常の「朝2分」ダイエットに移りましょう。

② 呼吸しにくい人、猫背の人、胸の小さい人へ 肩甲骨《けんこうこつ》よせ「M字体操」

・普段「呼吸しづらい」と感じることがある
（たとえば、息を大きく吸ったとき、もう少し吸えそうな感じがある）
・伸びをするとき手が上げづらい
・肩が前に出て、縮こまっている
・胸があまり大きくない

これらに該当する人は、胸郭が縮こまってひらきづらくなっている可能性があります。

これまでの私の臨床経験からいいますと、見た目に胸が小さい人ほど、胸郭はしまり気味でゆるみにくく、胸が大きい人ほどゆるみやすくひらきやすいという傾向があるようです。

胸郭がスムーズにひらくようになればなるほど、骨盤もしまりやすくなりますから、朝、「朝2分」ダイエットをした日の夜は、寝る前に胸郭をひらきやすくする次の体操をぜひ行ってください。夜寝る前は体がいちばんゆるんでいるため、胸郭をひらく体操をするのに適しています。

1　あおむけに寝て両足を腰幅より少し広めにひらき、131ページのイラストのように肩の高さでひじを曲げます。

2　そのままぐ～っと背中をそらし、肩甲骨どうしを中心に寄せながら大きく息を吸います。

息を吸いきれなくなったところでいったんとめ、一気にはいて脱力。

これ1回だけで終了です。

胸郭をひらくこの体操は、とりあえず2日間続けてみて様子をみます。

それでもまだ呼吸がしづらかったり、不調が改善されない場合は、1週間に2日のペースを守りながら継続していきます。気になる点が改善されれば、いつでもその時点で終了してかまいません。

この体操でターゲットにしているのは、「第4胸椎」という肋骨を支える4番目の骨です。この骨は骨盤や胸郭の開閉に関わっているため、体操で操作すると胸郭に弾力がつき、深呼吸したとき開閉しやすくなります。

「朝2分」ダイエットの成果がなかなか上がらない場合も、硬くなった胸郭をひらくこの体操は効果的。もちろん、バストアップにも効きます。**「第4胸椎」はアレルギーと密接な関係があるため、アレルギー症状のある方にもおすすめ**です。

「朝2分」ダイエットの内容は、「胸をひらく深呼吸」、「背中をひらく深呼吸」の基本メニューのセットと、さび落とし「C字体操」、肩甲骨よせ「M字体操」の4つがすべてです。

M
1
2

Part 4

もうムリも我慢もしなくていい

食べながら美しくやせる!

「十分食べた!」と満足しながらやせられる!?

〝肩こりの原因〟第1位は、〝食べすぎ〟！

昨今、断食《だんじき》の健康効果が注目されています。

断食の利点といえば、体内に溜まった不要なものが排出されやすくなる、本来体が持っていた自然治癒力が高まる、新陳代謝が高まるなどです。日々酷使している消化器官を休ませると、これをきっかけに体内環境がよい方向に変わりはじめます。

私は、自身の体験からもそれを実感しました。

ここで、ぜひ皆さんにお伝えしたいことは、

「現代人の多くは食べすぎによって具合が悪くなっている」

ということです。食べすぎによる影響は、肥満だけでなく意外なところにあらわれるものなのです。

たとえば肩こり。肩こりの原因といえば、多くの方は目の疲れ、腕や手の疲れ、姿

勢のくずれなどを連想するでしょう。ところが実は、いちばん多い原因は「食べすぎ」です。

肝臓は消化液の胆汁を分泌する消化腺で、食事をたくさんとるほど重労働を強いられます。これによって肝臓が肥大しすぎるとどうなるでしょう。機能低下で収縮しづらくなり、その影響が肩こりとなってあらわれるのです。

つまり、肝臓がオーバーワークをした結果が肩の痛みというわけですね。

肝臓が原因の肩こりは総じて重く、脂肪肝のように肝臓に脂肪がたまりすぎた場合は、しつこい肩こりに悩まされることになります。

ちなみに脂肪肝の3大原因は「肥満、アルコールの多飲、糖尿病」とされています。つまり**太っている人ほど脂肪肝になりやすく、肝臓が原因の肩こりも発症しやすい**ということになります。

この場合の肩こりの対処法ですが、マッサージなどは一時凌《しの》ぎにすぎません。とにかく、**原因となる「食事」の量を減らすこと**、つまり減食することがいちばんです。

食事の量を減らすと、肝臓のオーバーワークに歯止めがかかり、拡張しすぎていた胃も落ち着いて、減量とともに体調がよくなっていきます。

さほど太っておらず、肥満を気にしていない人は、「食べすぎで体調が悪くなる」といわれても、ピンとこないかもしれません。しかし今は飽食の時代、知らず知らずのうちに誰でも食べすぎている可能性があります。

肥満も脂肪肝も他人事ではありません。

日常生活を振り返ってみると、「それほど食べたくないのに付き合いで食べる」という機会は意外と多いものです。

たとえば、会社員ならたいてい昼休みの時間帯が決まっています。おなかのすき具合よりは時間が優先され、無理に食べなければならない日も出てきます。

訪問先で茶菓子をすすめられれば、たいていの方はその好意に応えるでしょう。

上司や同僚と食事をして帰宅後、「せっかく作ってくれたのだから」と、また家で食べ直すということもあると思います。

皮肉なことに、人に気を遣う優しさまで、食べすぎの原因になってしまうのです。

食後に〝食べすぎサイン〟が出ていませんか？

食事をしたあとに眠くなることがよくあります。食べて眠くなっているとき、骨盤はひらいて体はゆるんだ状態になっています。この**「眠くなる」というのは、実は「食べすぎて体がゆるみすぎた」というサイン**です。

体が求める量だけを食べていれば、眠くなることはありません。骨盤がひらきすぎることがないからです。食べたくなったときに適量を少しずつ食べれば、むしろ適度に目が覚め、頭も冴えて仕事の能率も上がるものなのです。

昼間なのに食後によく眠くなる人は、それを食べすぎの警告と受け止めて、食べ方を改善していきましょう。

食欲のコントロールが必要なタイプ

ダイエットする人の目的は、大まかに次の2つのタイプに分けられるのではないでしょうか。

①とにかく、1キロでも多く体重を減らしてやせたい（肥満体型）。

②減量はほどほどでいいけれど、もっと引き締まった美しく健康な体になりたい（標準体型）。

このうち②に該当する方は、毎朝の「朝2分」ダイエットとその時々の調子にあわせて「ゆがみ矯正メニュー」を習慣にするだけで、目標は達成できるでしょう。

食事については、食べすぎないこと、バランスよく食べることさえ心がければ、特に改善する必要はありません。

ハーイ。
食欲
ダメ。

さらに、「朝2分」ダイエットをすると、食欲を「頭」でコントロールしやすくなります。いつものクセで盛大に食べてしまいそうになったときも「このへんでやめておこう」と自分で〝待った〟をかけられるようになるのです。

これは、食べたいものを無理して我慢しているのとは違います。「もう十分、おなかがいっぱいになった、満たされた」と脳が幸せを感じ、満足するのです。

ただし、①の肥満体型の方は、「朝2分」ダイエットやゆがみ矯正メニューに加え、食生活も変えていく必要があるでしょう。

太っている人とやせている人の食生活を比較してみると、太っている人にはいくつかの共通の食べ方のクセがあることがわかります。

食べる量が多い、高カロリーのものをよく食べる、ドカ食い・早食いなど……。太るべくして太っている、といえます。

こうした太る食習慣を改善するきっかけとして、食欲をコントロールするちょっとしたコツや、滅多にお教えしない秘伝の整体方法などをいくつかご紹介しましょう。

〝大庭流〟やせる食べ方のコツ　いろいろ

次にご紹介するのは、私自身に効果のあった「やせる食べ方」です。

「おなかいっぱい食べた」ことをしっかり感じ、食べすぎに歯止めをかける食べ方のポイントは3つあります。

①チビチビと少しずつ食べ、美味《おい》しくなくなったところでやめる

・〝チビチビ〟と少しずつ食べる。
・よく噛んで食べる。
・次々と食べ物を口にほうり込むような食べ方は避け、一度口の中をカラにしてからまた口に入れるようにする。

これがいちばん簡単な、食べる量のコントロール法です。
おなかがすいているときも一気食いはやめ、意識的に少しずつゆっくり食べるようにします。すると、途中で**味覚が変わり、美味しく感じられなくなるときがくる**ものです。この〝味覚の転換点〟が「もう十分」「ごちそうさま」のタイミング。つまり、体がもう食料を要求していないのだから、この段階で潔《いさぎよ》く箸《はし》を置くようにします。

② できるだけおなかがすいたときに食べる

いつ食べるかですが、人間にとっては、**「おなかがすいたときに食べる」**「本当に食べたいときに食べる」のがいちばん自然です。

つまり、自然のリズムに逆らわない食べ方がいいのです。

食料の確保がむずかしかった古代、人類はおなかがすいてから食事していました。食べたくないのに無理に食べることも、食べすぎることもなかったはずです。ところが、現代は生活環境そのものが食べすぎるようにできています。

お金さえ出せばいつでも食べ物が手に入ります。売るほうも必死なので、見た目をめずらしくしたり、美しくしたり、なんとか興味を引こうとディスプレイしています。買い物に行ったらそれが目に入り、つい2つ3つ買ってしまう……。

うーん
まだまだ
ぐるる〜
ぐぅ〜
きゅうう〜
先パーイ
お昼いきましょうよ〜

こうした食べ方は体の自然のリズムを乱すため、極力避けたいものです。

また、「今はあまり食べたくない」というときは、**無理に食べるより一食抜く選択**をすることをおすすめします。

体の声によく耳を傾ける食生活を実現していきましょう。

③「もったいない意識」を捨てる

以前、私はよく人が残した分を「もったいないから」と食べていました。

中学時代、フライドチキン21ピースを平らげたときも、そうでした。家族と食べるつもりで買って帰ったところ全員が留守だったため、「置いておいても冷めてしまうし、もったいないから」と、本当に全部食べてしまったのです。

結局、その「もったいない意識」による食の暴走から、一時は驚くほど太ってしまいました。

皆さんも、このように「もったいない意識」から食べすぎてしまうことが、多かれ少なかれあるでしょう。

そこで対策ですが、家で食事をするときは、はじめからご飯を少なめによそる、おかずも少なめに取り分けるくらいの工夫をしてみてはいかがでしょう。つまり、端《はな》からもったいないと思わせないような盛り方をするのです。

外食するときは、品数を多く注文しすぎない、食べ物を買うときは余計に買いすぎない、というごく基本的なことから始めてみてください。

④食べ物から気をそらす作戦

つい余計なものを食べてしまうという人は、食べ物から気をそらす工夫もしてみましょう。たとえば、家にいるときなら掃除をするというのもいいでしょう。掃除をすると運気がアップするといわれますし、体を動かしているうちに、自然と食べ物のことを考えなくなるものです。

むくみがスッキリ取れる〝水の飲み方〟

「むくみ」を気にして水をあまり飲まない人がいますが、実はそれがむくみ太りの原因かもしれません。なぜなら体は、供給が途絶えると貯蓄する方向に働くからです。逆に水をたくさん飲むようになると、余分なものを惜しみなく排出するようになり、むくみ太りも解消されやすくなります。

参考までに、**水分を溜め込む体から排出する体にスイッチが切り替わるまでには、およそ2週間かかります**。

また、夜中にトイレに行くのが面倒だから、と寝る前に水を飲まない人がいますが、体のためには飲むことをおすすめします。水を飲まないと血液の質が低下してドロドロの状態になり、脳梗塞《のうこうそく》などの危険指数も高まります。逆に血液がサラサラになると免疫力が高まる、細胞が若返るなど、健康面でも多くのメリットがあります。

飲むときのコツは、食事と同じように水も一気に飲むより〝**少しずつ大量に飲む**〟。つまり、チビチビ少しずつたくさん飲むようにします。すると、体に負担をかけることなく、細胞は取り入れた水分を効率よく利用することができます。

水の種類には特にこだわらなくてもかまいませんが、水道水であれば直接飲むより浄水器を通すなどの工夫を。体にいい水を飲むことは健康生活の基本です。

大食いにストップ！魔法の〝足首テープ〟

「最近、つい食べすぎてしまう」

「食欲旺盛で無性に食べたくなる……」

そんなとき自分の足首を見てみると、たいてい右の足首が太くなっています。これは、胃が拡張している証拠。試しに両足を揃えて足首の太さを比較してみてください。

私は右足首が太くなったら、その都度調整するようにしています。どんなことをするのかというと、まず89ページでご紹介した「足首そらし」をします。その際、右足首を中心にそらして、左右のバランスを取るようにします。この体操は右足がそらしやすくなればやめてかまいません。

さらに効果的なのは、「足首のテーピング」。

次の要領で行います。

胃拡張で太くなった**右足だけに医療用のテープを巻きつけます**。右足は胃の収縮と深く関わっているため、テープを巻くと胃の収縮効果で食欲をコントロールすることができるのです。

テープの幅は3・8センチくらいが適当。これを内くるぶしと外くるぶし（内と外両方のくるぶしの出っ張ったところ）を互いに寄せるようなイメージで足首に1周分巻きつけます。食欲がピークになったときの朝テーピングを行い、夜寝る前にははずしてください。

続けてやりすぎるのはよくありません。ピークのときの1～2日のみ様子をみながら巻いてください。

「最近、食べすぎかな？」

「もしかして胃拡張？」

そう感じたら「①足首そらし」と「②テーピング」の2通りの方法で胃を収縮させ、暴走しそうな食欲をコントロールしていきましょう。

ダイエットは心がけひとつです。

たとえダイエット中に盛大に食べてしまったとしても、数日体操を怠ってしまっても、決して「挫折した」とは考えないでくださいね。

停滞期はむしろチャンス。そして、ダイエットは挫折と挑戦の繰り返しです。食べすぎてしまった翌日の虚しい気持ちを記憶しておき、次の挑戦につなげればいいのです。

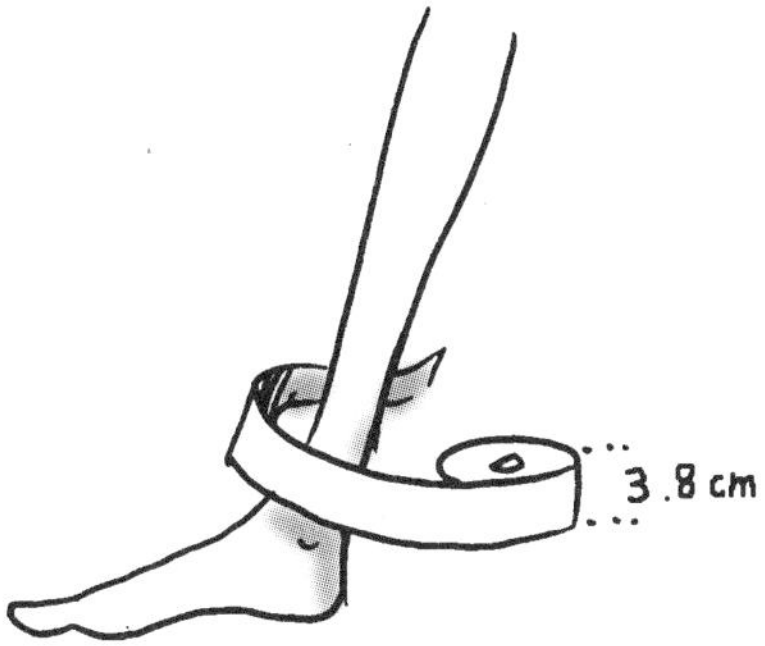

「必ずやせてキレイになろう」という緊張感さえ維持できれば、停滞期から脱することはできます。

少しの寄り道は見逃すことにして、すぐに気持ちを立て直し、バランス調整する習慣をつけてしまえば大丈夫です。

超強力　空腹のイライラ・フラフラ解消、秘伝の「第11胸椎体操」

食べることが好きなのに無理に食事の量を減らそうとすると、ストレスがたまってイライラしやすくなります。また、いきなり食べる量を減らせば、慣れないうちは体がフラフラになります。結局、すぐに我慢の限界がきて、かえってたくさん食べてしまうことにもなりかねません。

そこでおすすめしたいのが、「第11胸椎」という骨を操作する体操です。

第11胸椎は副腎の中枢となる骨ですが、この骨を操作してゆがみを取ると、空腹で体がフラフラすることもなくなり、精神も安定します。つまり、イライラとフラフラが同時に撃退できるのです。

この体操は、寝る前に1回だけ行います。

1　あおむけに寝て上体だけを左右にねじり、ねじりにくいほうはどちらかをチェックします。右にねじるときは、左手も右側へ、左にねじるときは、右手も左側へ、上半身のねじりに合わせて手も動かします。

第11胸椎にゆがみがあるときは、ねじったとき左右差を感じるものです。もしわからなければゆがみがないということなので、体操をする必要はありません。

2　チェックが済んだら、あおむけに寝て両足は腰幅くらいに自然にひらきます。足をひらくときの目安は、左右の腰骨のいちばん出っ張った部分と足の内くるぶしが平行になるくらいです。

3　曲がりにくかったほうの上体と同じ側のひざを曲げ、同じ側の手で曲げたほうの足首をつかみます（上体が右に曲がりにくかった人は右のひざを、左に曲がりにくかった人は左のひざを曲げる）。ひざが床から離れないよう注意。

4　もう一方の手を、曲げた足のほうに向けてぐっと伸ばします。

5　そのまま息を思いきり吸いながら、上体を伸ばした手の方向にねじります。腰が浮かないように注意。

6　息を吸いきったら一気にはいて脱力。

寝る前は体が全体にゆるんでいるため、骨の調整もしやすくなります。

私も仕事が忙しくて食事がとれないときなど、この体操で乗り切っています。おかげで空腹感に悩まされたりイライラすることもなく、いつも元気に過ごしています。

運動すると快感をもたらす脳内ホルモンの分泌も盛んになるため、これもイライラ予防に一役買ってくれるのかもしれません。

第11胸椎を調整する体操は、腰痛、生理痛、顎関節症、しみ・シワ・ソバカスなどにも有効なので、ダイエット以外の目的でも応用することができます。

2

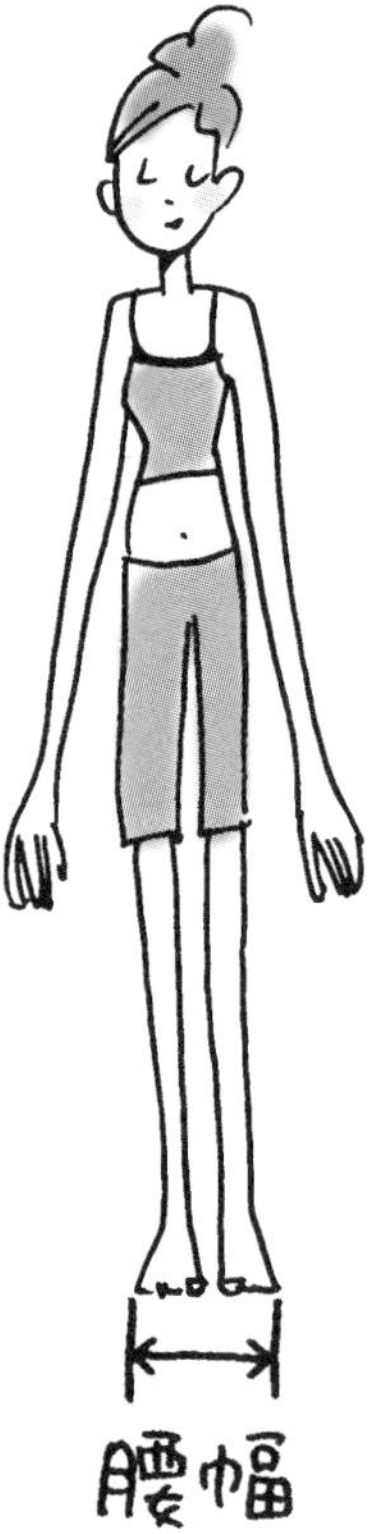

3

5
4

Part 5

悪いモノを出したとたん、
いい循環が始まった!

「ストレス&疲れ」をふっとばすコツ

自宅でできる100万円以上の価値あるワザとは!?

実は、1回100万円以上の価値があるワザ、教えます

がんばった体へのごほうびとして、定期的にマッサージやエステなどに通う女性は多いと思いますが、時には、自分の手でごほうびをあげることも大切です。

つい忘れてしまいがちですが、皆さんの体は24時間絶え間なく働き続けています。パソコンの前に座りっぱなしで作業をしたとき、スポーツで大いに走り回ったとき、歩き回ったとき、その都度さまざまな格好で重労働を強いられヘトヘトです。ならば、ヘトヘトになったぶんだけ「お疲れさま」の反応を返してあげたいものですね。感謝して一声かけてあげると、体はそのぶんいい働きをしてくれるものです。

寝起きの「朝2分」ダイエットは、それこそ体にとってすばらしいごほうびです。背骨のゆがみを直す体操をすることも、ゆっくり噛んで食べることも、体が大好き

なことです。

この章では、自宅で簡単にできるセルフケアのやり方をご紹介します。ほんのちょっとしたことですが、体にとっては100万円以上の価値があります。1つずつでも毎日体にいいことをして、ゆがみ知らず、肥満知らずの体を目指しましょう。まずは、ストレスチェックからどうぞ。

頭に〝穴〟があいていれば、ストレスなし

重心が後ろに傾いた姿勢は心にも影響をおよぼすとのべましたが、もう1つ、後頭部の状態からストレスをチェックする方法もあります。気になる方はやってみてください。

うなじの中央部にある「ぼんのくぼ」というくぼみ（図の★の部分）に、指幅2本

分入るスペースがあれば問題ありません。

試しに、人差し指と中指を揃えて当ててみてください。もしもくぼみ部分が小さく、指を2本入れるのがきついと感じれば、後頭骨がかなり下がっている証拠です。

ちなみに、指を入れたとき触れる骨が「第2頸椎《けいつい》」と呼ばれている骨です。頭骨からこの第2頸椎に至るくぼみが小さくなってきたら、ストレス指数がかなり高まっているサインと覚えておきましょう。

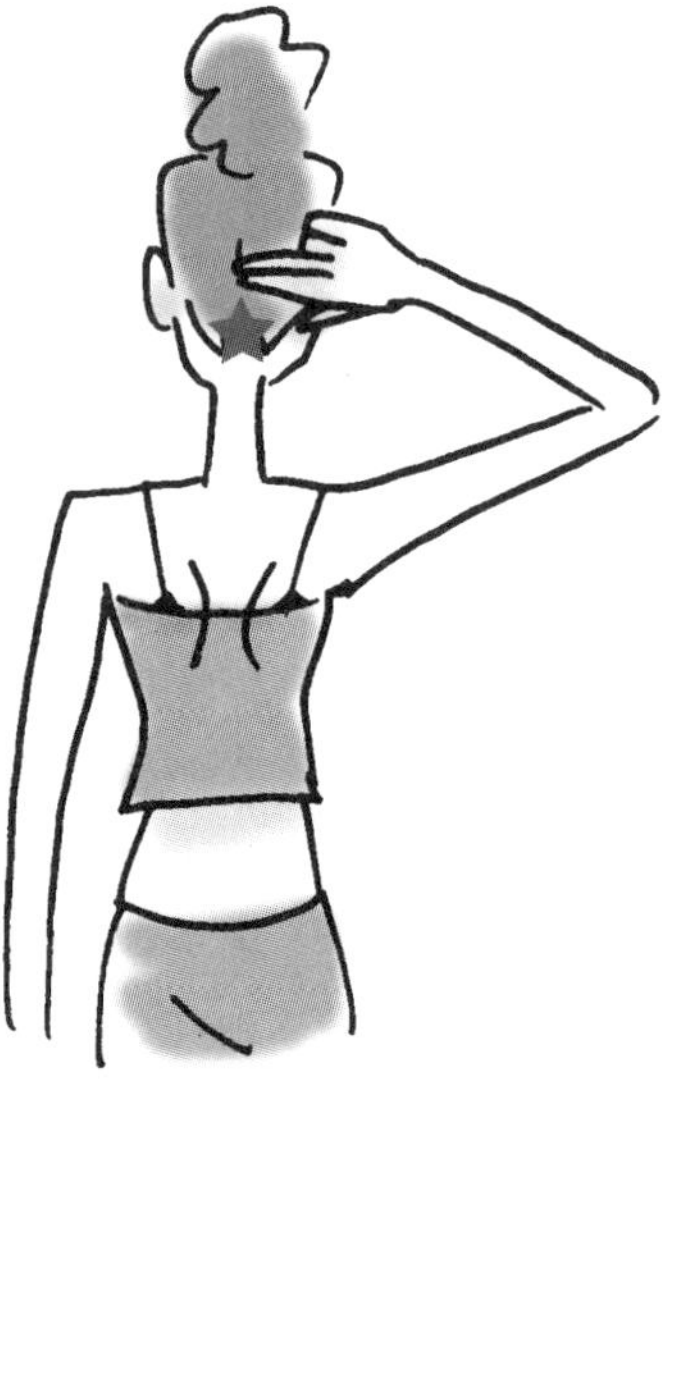

こんな「肩こり」は温めて溶かせる

肩こりに悩む女性はとても多いものです。現代病のように、若い人の間にも相当広がっています。

肩こりの意外な原因として「食べすぎ」について触れましたが、他の原因による肩こりの対処法も知っておくと大変役に立ちます。

あなたが日々酷使している体のパーツはどこですか？　目を酷使している人は目の疲れが原因の肩こり、よく腕を使う人は腕の疲れが原因の肩こりかもしれません。

◎白目キラキラ　蒸しタオル
目の疲れが原因の肩こり

目に蒸しタオルを当てるこの方法は、肩こりだけでなく**目の疲れ対策としても有効**

です。蒸しタオルは電子レンジで簡単にできます。

入浴後、あとは寝るだけというタイミングで行うのがいちばん。

1　まず蒸しタオルを作ります。濡《ぬ》らしたタオルを固く絞り、電子レンジに入れて約1分温めましょう。かなり熱くなるので、取り出すときは火傷《やけど》に注意。

2　手で触って火傷しない程度の温度になったら、まず左目から蒸しタオルを当てます。温める時間は4分。「ちょっと熱いかな」という程度が適温です。途中で冷めてしまったときのため、もう1本用意しておくといいでしょう。

3　次は右目。同じように4分間温めます。

ポイントは、片方ずつ、そして左目から蒸しタオルを当てること。左右同時に蒸しタオルを当てても問題はありませんが、片方ずつのほうが効果がはっきり実感できると思います。

また、整体やマッサージの世界では、体の左右両方を操作するときには**「左から」が原則**。神経の関係から左からがよいとされています。

温めたあとの眼球を見ると白目が赤くなっているのがわかります。数分するとその赤味が消えて真っ白になり、肩のこりもス〜ッとひいてラクになります。

ただし、ものもらいや結膜炎など、目に疾患があるときには行わないでください。

◎超強力な腕湯で、じんわり腕の疲れが原因の肩こり

これは、私も仕事が終わったあとによくやる方法です。

ひじから下を熱い湯につける、つまり〝腕湯〟。

筋肉の緊張が取れ、血行がよくなります。腕の感覚が鈍くなるほど疲れたときにやると効果てきめんで、腕と肩がすっきりします。

1　洗面台やたらいなどに熱い湯を入れます。温度計で45℃〜48℃に調節。

2　ひじから下を湯につけてそのまま4分。

かなり熱く感じるかもしれませんが、効果を高めるためには45℃以上が適温になります。

私はいつも48℃で行っていますが、意外と熱さは感じず、湯の中に入れてしまうと

気持ちいいのです。仕事でよく腕を使うので、感覚が鈍っているのでしょう。

パソコンを長い時間使う人は目と腕の両方を酷使するため、今あげた2通りのケアをするといいでしょう。その日の疲れはその日のうちに早めに解消しましょう。

2秒で眠れる！不眠知らずの「正座体操」

体はバランスのくずれをさまざまな形で訴えますが、不眠もそのひとつです。

「眠れない……」「夜中に何度も起きてしまう」と訴える方はあとを絶ちませんが、その**不眠は脳の緊張から起こっている**ケースがほとんどです。

とりわけ、頭脳労働の多い方は、座った姿勢でずっと神経を尖らせているため、体はゆるみ、頭は緊張しているというアンバランスな状態が続きます。こうした神経疲労が重なると、昼夜のモードの切り替えがうまくいかず、眠れなくなってしまうのです。こんな場合は、不眠の原因である頭の緊張を取り除くことが第一。

寝る直前に行うこの「正座体操」で頭をリラックスさせ、質のいい睡眠をとりましょう。本当に、面白いぐらいすぐに眠れます。

頭の緊張を取る「正座体操」のやり方

1　足の親指を重ねないようにして正座をします。
2　そのままゆっくり後ろに手をついて倒れてください。手をつかずにバタンと倒れると腰を痛める原因になるので注意。必ず手をついてから倒れてください。少し倒れてみて腰に痛みを感じるようなら、痛くないところで止めてかまいません。
3　上体を倒した状態のままゆっくり5呼吸します。
4　片足ずつ伸ばし、そのまま寝てしまいましょう。

この体操をやってもうまく寝つけないときは、まだ眠るタイミングではないので、無理に眠ろうとしなくて大丈夫です。

好きな音楽を聴くなどしてリラックスし、自然に眠くなるのを待ちます。

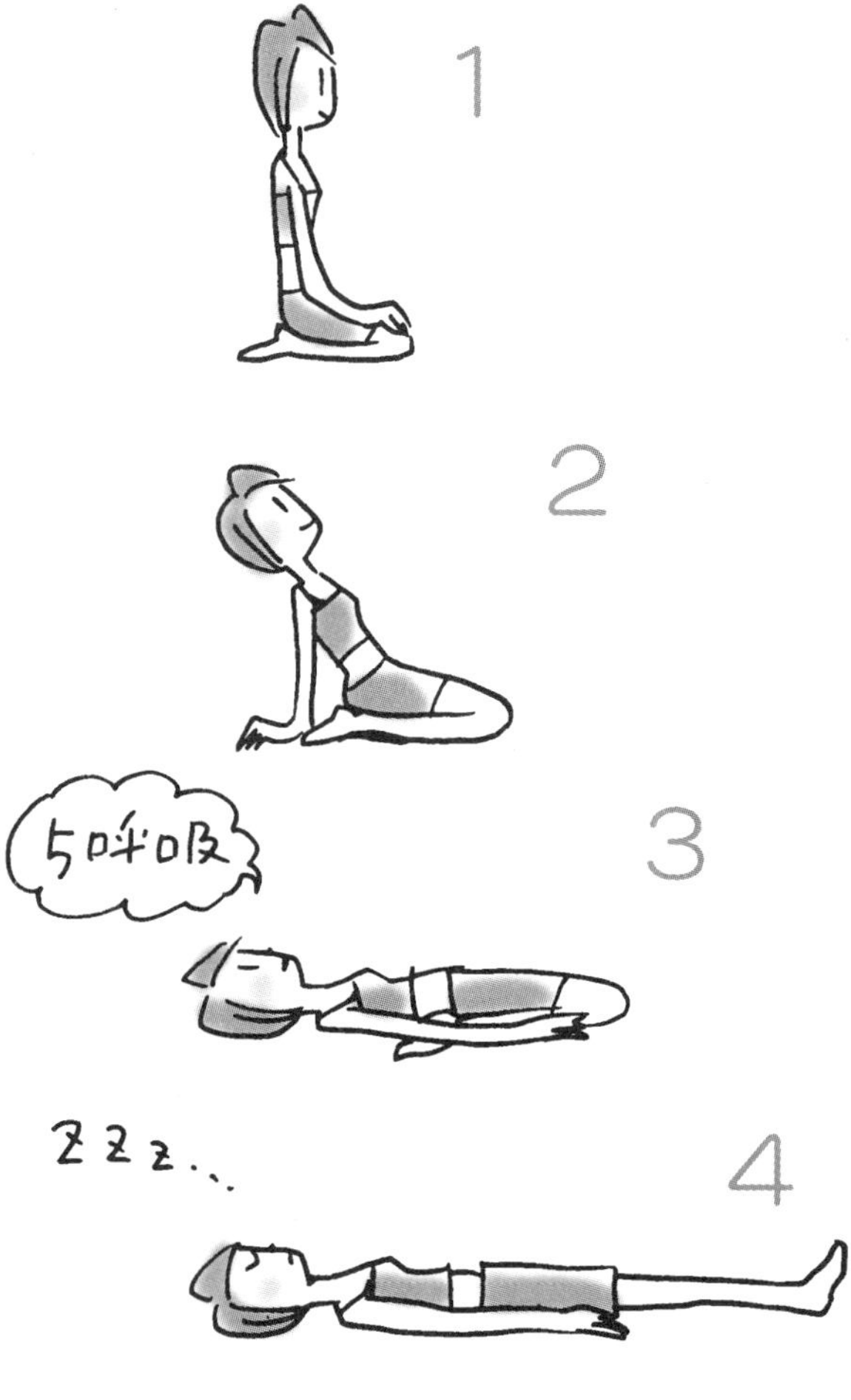
1
2
5呼吸
3
Z Z z . . .
4

調子が出ないときは「毒出し足湯」で芯から元気になる

なんとなく元気が出ない、風邪ぎみで調子がいまひとつ、そんなときに効果的なのが「足湯」です。

リフレクソロジーをはじめ、最近街中でよく見かける足の癒しサロンでも、たいていマッサージの前に足湯を取り入れています。足湯のすごいところは、足先を温めることで全身に効果がおよび、代謝がアップすることです。

足湯タイムは6分。

水をチビチビ飲みながらつかると発汗作用が促《うなが》され、後半には汗がじんわり。体内の毒素も速《すみ》やかに抜けていきます。

足湯用の器具も販売されていますが、洗面器にお湯を注げば十分。

朝やれば元気が出ますし、夜は疲れが取れます。

自宅で6分！　元気になる「毒出し足湯」のやり方

用意するもの……洗面器、温度計、コップ1杯の水、やかん（ポット）、タオル

上半身を冷やさないように暖かい格好をしてください。

1　あらかじめ「コップ1杯の水」と「さし湯用の湯」をやかんに入れて近くに置いておきます。

2　洗面器などに43℃～45℃の湯を入れ、両足のくるぶしから下を湯につけます。そのまま6分。

湯の温度は、できるだけ温度計を使って正確に測ってください。温度を高めにするのは代謝機能を旺盛にして、発汗作用を促すため。汗とともに毒素や体の疲れが抜けます。

3　足湯をした状態で水を少しずつチビチビと飲みます。口の中で伸ばすようにゆっくり飲むのがコツ。

均等に赤くなればOK!

4　途中、湯の温度が下がってくるので、差し湯をしましょう。**湯の温度が42℃以下になると、効果が半減**してしまいます。

5　6分間たったら終了。湯から足を出し、乾いたタオルでよく拭いてください。

6　最後に足の色をチェック。

左右の足が同じように赤くなっていたらOK。もし左右の色に違いがあれば、赤味が薄いほうの足だけあと2分追加で足湯をします。

風邪ぎみのときは、足湯後にのどの痛みや頭痛が軽減され、経過がよくなるものです。また、汗が出るので熱を下げる作用もあります。代謝がよくなることで、体が本来持っている治す力、つまり自然治癒力が高まるのです。

足湯をしている間はできるだけ頭の中をカラにし、ぼ～っとしてアレコレ考えないようにします。

何も考えず、ただぼんやり、ゆったり。

足を湯につけるだけの心地よさを、ぜひ体感してみてください。

「心の病」と体の関係

ストレス社会の中で、心の問題を抱える人が増えています。私の整体院の近くにあるメンタルクリニックにも連日大勢の患者さんがやってくるようで、心のケアを求める人たちの多さに改めて驚かされます。

私のところにも、メンタルクリニックに通院している患者さんがいらっしゃいますが、ある20代の女性はＰＴＳＤ（心的外傷後ストレス障害）に悩まされていました。

ＰＴＳＤは、生死に関わるほどの衝撃的な出来事が引き金となって起こります。その心的外傷（トラウマ）によって精神的に不安定になり、不眠に悩まされたりパニック症状があらわれるなど、さまざまな障害が起こります。

その女性の場合は、コンビニの前で見知らぬ男性に「ちょっと……」と声をかけられたのが引き金となったそうです。

特に何か危害を加えられたわけではないのですが、以来、マンションのエレベーターの中が怖くなり、パニック症状があらわれるようになったというのです。

あるときは、自分のあとからエレベーターに男性が一人乗ってきただけで怖くなり、頭が真っ白になって座り込んでしまったほどだそうです。

彼女はすでに快復していますが、最初の施術の際に体型チェックをしたところ、やはり典型的なうつむき姿勢で、見るからにバランスが悪くなっていたのです。

数回ほど整体に通っていただきましたが、体のバランスがよくなってくると表情も明るく晴れ晴れとしてきました。

こうした事例からも、体と心のつながりの深さが改めてわかります。体は心を映し、心は体の状態を映し出します。

この女性のようにすでに症状としてあらわれた場合は、兎《と》にも角《かく》にも専門家の治療が必要ですが、一歩手前であれば、自らの力で偏ったバランスを立て直すことができます。

毎朝の深呼吸の習慣、そしてゆがみ改善メニューで、心の状態もよくなっていくことでしょう。

「好かれる人」の秘密は〝腹式呼吸〟

呼吸は私たちが生きていくための基本です。

酸素を吸って二酸化炭素をはき出す。これが呼吸の基本的な役目ですが、呼吸のやり方ひとつで取り入れる酸素の量も変わり、骨や筋肉の動きも変わります。

そのため、呼吸法は私たちの健康を大いに左右します。

たとえば、ムカついたりイライラしているとき、自然と呼吸は浅くなります。

「腹が立つ」とはよくいったもので、カッとなっているときは腹筋が立って固くなり、深い呼吸をする余裕はありません。ストレスが多いときほど体は緊張状態となり、胸部を小さく動かす程度の浅い呼吸になっているのです。

また、動かずにずっと座って仕事をしているときや、パソコンやゲームに夢中になっているときも呼吸は浅くなります。体をあまり使わない現代人は、総じて「呼吸が浅くなっている」といえるでしょう。

しかし、浅い呼吸は、体にとってみれば苦しい呼吸。

生命活動に必須の酸素を十分に取り込めないため、慢性的な酸素不足に陥ってしまいます。これにより、生命力が全体に低下し、疲れやすくなったり病気にかかりやすくなったりします。

体が喜ぶのは、酸素を体の隅々までいきわたらせ、体を活性化する**「深くゆったりした呼吸」**のほうです。

そこで、日常生活で「深呼吸」と合わせて実践していきたいのが「腹式呼吸」です。深呼吸のいちばんの目的は、「胸郭をひらいて骨盤をしめる」ことでしたね。これは、骨格を矯正して太りにくい体を作る呼吸法。

平常時に取り入れたいのは、おなかを使った深い呼吸なのです。

腹式呼吸は胸とおなかの境目にある横隔膜《おうかくまく》という筋肉を上下させる呼吸で、呼吸効率がよいといわれています。呼吸と深く関わる気功やヨガなども腹式呼吸が基本になっており、心身の緊張が取れてラクになります。

また、腹筋が鍛えられて胃腸をはじめ内臓の働きも活発になるため、体の調子がよくなります。顔色がよくなる、便秘が解消されるなど、美容面の効果も見逃せません。

胸郭にアプローチして、**骨格から体のバランスを整えるのが、寝起きの「深呼吸」**。おなかにアプローチして、**内臓を刺激しながら体を活性化するのが「腹式呼吸」**。

この2つの〝深い呼吸法〟を日々実践していけば、相乗効果でますます健康で美しくなれるだけでなく、日々にこやかに、穏やかに過ごせるというわけです。

幸せがやってくる〝腹式呼吸〟のやり方

気持ちがラクになるという〝腹式呼吸〟をさっそく試してみましょう。

いつどこでやるかのルールはありません。たとえば昼休みとか寝る前など、やる時間帯を決めて続けてみましょう。深い呼吸が自然と身につき、日常的にできるようになっていきます。

座った状態か、あおむけで行います。

おへその下に息を入れますが、中心は「丹田《たんでん》」と呼ばれる場所。丹田の位置はおへそから「指幅4本分」下がったあたりで、ここには**「関元《かんげん》」**というツボがあります。

また、そのちょうど逆の背中側には「関元兪《かんげんゆ》」というツボがあります。関元兪は第5腰椎と仙骨の間に左右1点ずつあります。

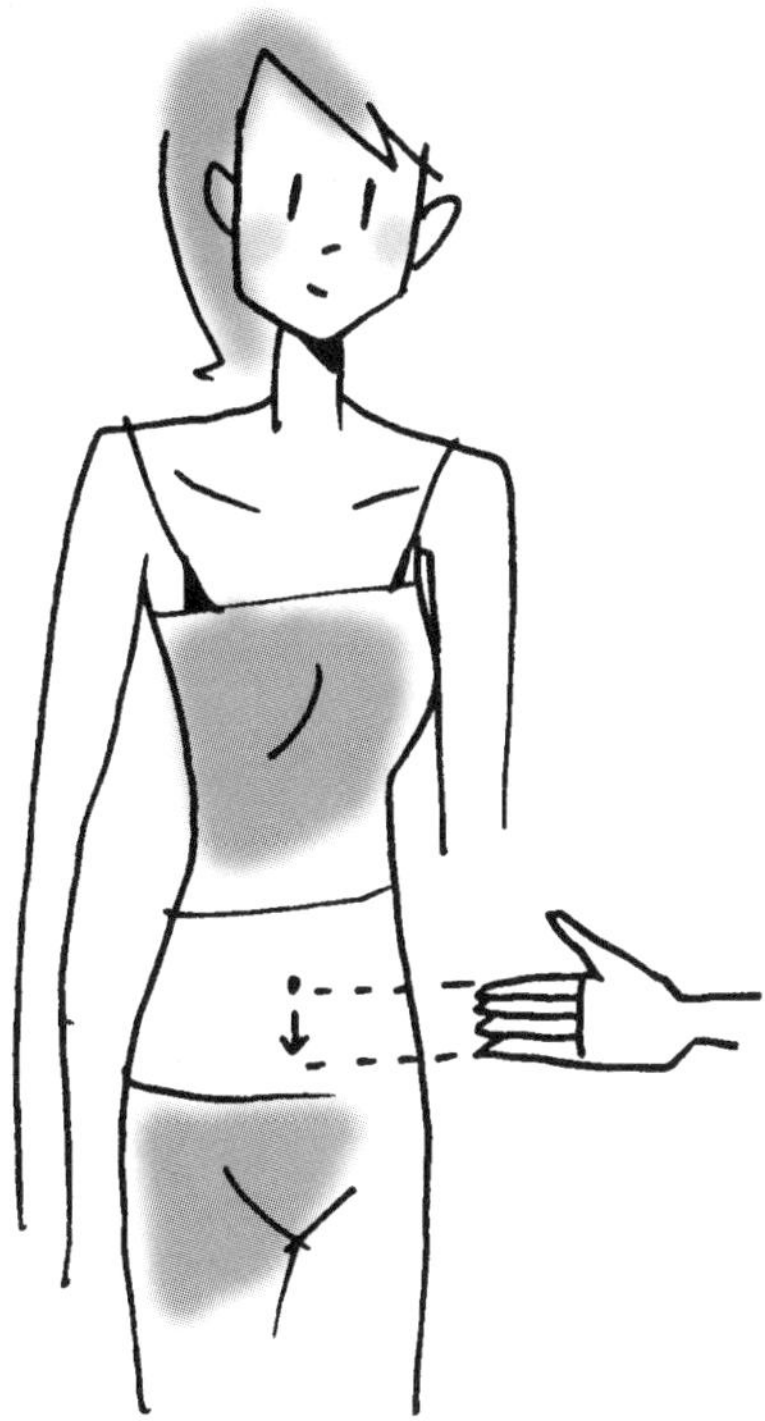

関元のツボ

関元（丹田）と関元兪のツボの位置を意識しながら、風船を膨らませるようにおなかに大きく息を入れ、はき出します。はくときは、おなかを十分へこませてください。呼吸はゆっくりと。下腹に息を入れれば、自然と下腹からはき出すことができ、次は自然に下腹に息を入れることができます。

時間の制限はありません。気持ちよく感じられる程度に行いましょう。

へそ下にある「関元」のツボとその後ろ側にある「関元兪」のツボを意識すると姿勢が整います。体がゆがみづらくなり、ゆがんでも元に戻りやすくなるという、うれしいおまけもついてきます。

おへその下にうまく息を入れられない人は、まずおへその上のほうに息をためてから落とすとイメージしてみてください。関元に軽く手をあてながらやるのもいいでしょう。そのうちに、自然とおなかの下に息を入れられるようになっていきます。

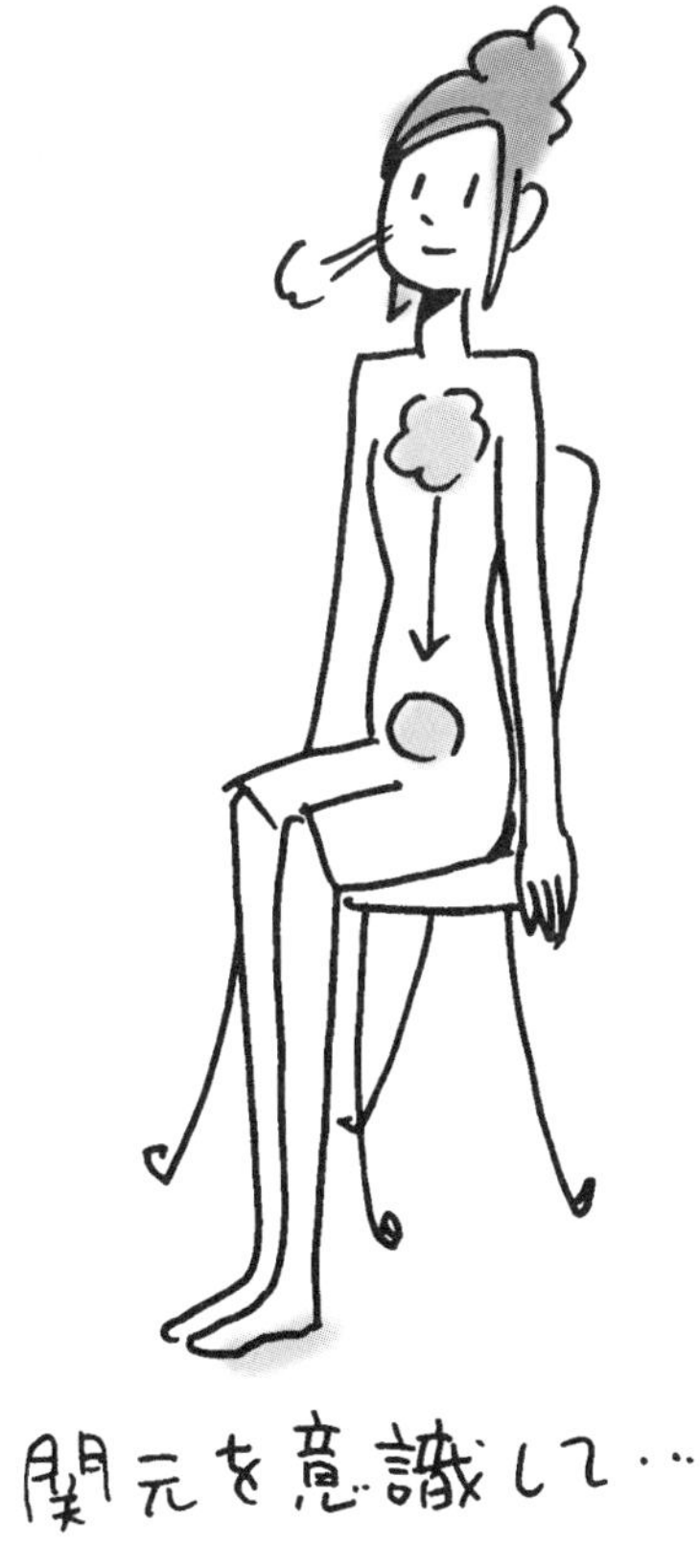
関元を意識して…

意識的に深く呼吸すると、骨格や筋肉が変化する様子がよくわかると思います。呼吸ひとつで姿勢も変わり、血流も変わり、内臓の働きさえも変わります。

最近はキレる子供や若者が増えていますが、呼吸もその一因といえるのではないでしょうか。基本となる正しい呼吸を学習してこなかったため、いつも浅い呼吸ばかりで腹筋が立ちやすくなり、腹が立ってイライラしやすくなるというわけです。

逆に考えれば、**深い呼吸を習慣にすれば、やたらとキレることもなくなる**のです。試しにやってみてください。腹が立ちそうなときこそ、腹式呼吸を。おなかを使って「ふ～っ」と深く呼吸することで、心が落ち着きます。

おへその下に息を入れて深い呼吸をしているときは、ムカつく、キレる、という状態にはならないものです。

ダイエットのため、健康のため、心の健康のため、〝呼吸〟という天がタダで与えてくれた栄養剤をもっと使っていきましょう。

おわりに　一生若々しく魅力的であるために

腹を立て、不満をいっぱいためた様子の患者さんの体に触れてみると、上腹部がガチッと硬くなっているものです。本当に「腹筋が立った状態」になっているので、驚きます。

心の状態は、とても正直に体にあらわれるのです。

私は、そのような患者さんにはさっそく上腹部をゆるめる操作をします。すると、帰る頃には患者さんの表情があきらかに変わっています。一言でいうと、顔がゆるむ。キッとして隙のない顔だったのが、ほわ～んとゆるんでしまうのです。コワい顔も可愛くて穏やかな顔に変わります。

私が整体院を開業したのは24歳のときですが、それから二十余年、毎日のようにそのような患者さんの変化を見てきました。

ぎっくり腰でヨロヨロと入ってきた患者さんが、帰り際には元気にスタスタと歩いて出て行くこともあります。

うつむき加減で自信がなさそうにやってきた患者さんが、背筋をピンと伸ばして笑顔で帰って行くこともよくあります。

ダイエットを指導中の患者さんは、次回お見えになるときは、前にお会いしたときよりひとまわりすっきりして、小顔にもなり、たいていうれしそうな笑顔であらわれます。

ちょっと大げさな言い方かもしれませんが、院内では毎日ドラマがあるのです。

外側のゆがみを取れば、中のゆがみも取れる。
体のバランスがよくなれば、すべてよくなる。

それが「整体」の理論です。

すべての骨格、神経、臓器はつながっています。

だから、「体の外と中」、「体と心」は常に連動してよくなったり、悪くなったりするのです。

ぎっくり腰が改善するのも、うつ症状など心の風邪が改善されるのも、体がひとまわり細くなるのも、体のゆがみが調整された結果です。

体の形を整えることは、健康生活の第一歩。そして、体の形を整える方法は、皆さんの身近にいくらでもあります。

自分で骨や筋肉を鍛え、育てる。これこそが、皆さんの健康を維持するうえで、とても大切なことです。

一日のスタートは、気持ちのいい深呼吸から。

毎朝寝起きの深呼吸で体を引き締め、すっきり目覚める。昼や夜は、体の形を整えるためのノウハウをどんどん取り入れた生活をする。そしてゆがんだと思ったらその都度、直す。

太らない生活、ゆがまない生活を自分でデザインしていくのです。歩き方、座り方、食べ方など、少しバランスを意識するだけで、体は変わります。

当たり前のことですが、毎日決まった時間帯に起きる、寝るという規則正しい生活リズムを作るのも、体を整える方法のひとつです。

こうした生活の中で体のアンバランスが改善されると、生まれ持った自然のリズムが戻ってきます。自然に逆らわない生き方の中で、体は本来のリズムを取り戻していくのです。

太らず、痛まず、ゆがまず。

元気な体はいちばんの財産です。

「朝2分」ダイエットで皆さんの体に、一日も早くよい変化があらわれることを願っています。

本書は、本文庫のために書き下ろされたものです。

「朝《あさ》2分《ふん》」ダイエット

著者　大庭史榔（おおば・しろう）
発行者　押鐘冨士雄
発行所　株式会社三笠書房
〒112-0004 東京都文京区後楽1-4-14
電話　03-3814-1161（営業部）03-3814-1181（編集部）
振替　00130-8-22096　http://www.mikasashobo.co.jp
印刷　誠宏印刷
製本　宮田製本

 ISBN978-4-8379-6376-9 C0177

王様文庫

王様文庫

「男」についての100の質問

松本一起

あなたの大切な人は、いまどんなことを考えている?――男の人の気持ちがつかめず、迷ったり、悩んだりしたときに、この本を開いてください。恋人、男友達、夫、同僚……あなたが知りたかったことも知りたくなかったことも、男性の「心理」と「本音」がすべて明らかになります!

トップモデルが明かす 体が生まれ変わる「キレイ生活」

宇佐美恵子

化粧品やエステでつくった美しさは、やめてしまえばそこでおしまい。でも本書の方法は違います! 一日試せば一日分のキレイ、一週間続ければ一週間分のキレイが、あなたの「魅力」として備わっていくのです。効果はまさに劇的! あなた本来の美しさを引き出すヒントが満載!

眠りながら「綺麗」になる本

西原克成

眠る前に読めば、翌朝、劇的に変わっているかもしれません! ◆あお向けに寝る「寝相」 ◆左右均等に食べものをかむ「かみ方」 ◆必ず鼻で呼吸する「呼吸法」――「この3つを実行するだけで、あこがれの顔、プロポーションに即効果あり!」の、夢のような本!

K30074

王様文庫

怖いくらい当たる「血液型」の本

長田時彦

A型は几帳面、O型はおおらか——その〝一般常識〟は、かならずしも正確ではありません！　でも、一見そう見えてしまう納得の理由が〝血液型〟にはあるのです。血液型の本当の特徴を知れば、相手との相性から人付き合いの方法までまるわかり！　思わずドキっとする〝人間分析〟の本。

3日で運がよくなる「そうじ力」

舛田光洋

10万人が実践し、効果を上げた「そうじ力」とは——①換気する②捨てる③汚れを取る④整理整頓⑤炒り塩、たったこれだけで、人生にマイナスになるものが取りのぞかれ、いいことが次々起こります！　お金がたまる、人間関係が改善される……etc. 人生に幸運を呼びこむ本。

一番幸せな生き方がわかる！（人生の質問箱）

スピリチュアル・ジャッジ

江原啓之

スピリチュアルな愛と生きる意味を見つめ直す「人生の教科書」——心・恋愛・結婚・家庭・仕事・健康・病気・死……私たちの人生に起こるさまざまな出来事。その意味と進むべき道を、江原啓之が示す！　待望の書き下ろし！　【特別付録】スピリチュアル・ジャッジカード付

K30075